히브리서 2

일러두기

- 이 교재는 《박영선의 다시 보는 히브리서》에서 채택한 본문으로 구성되었습니다.
- 이 책에서는 개역개정판 성경을 인용하였습니다.
- 성경을 인용할 때, 절의 전체를 인용할 경우에는 큰따옴표(" ")로, 절의 일부를 인용할 경우에는 작은따옴표(' ')로 표기하였으나 예수님이 직접 하신 말씀을 인용한 경우에는 때에 따라 큰따옴표로 표기하였습니다.
- 본문에 《 》로 표기된 것은 도서를, 〈 〉로 표기된 것은 도서 외 작품을 가리킵니다.

성경공부 시리즈 110

히브리서 2

2021년 9월 10일 초판 1쇄 인쇄
2021년 9월 24일 초판 1쇄 발행

지은이 박영선
기획 강선, 박병석, 안성희, 윤철규
편집 문선형, 정유진
디자인 잔
마케팅 강동현
경영지원 김내리
펴낸이 최태준
펴낸곳 무근검
주소 서울특별시 송파구 올림픽로 4길 17, A동 301호
홈페이지 www.facebook.com/lampbooks **전화** 02-420-3155 **팩스** 02-419-8997
등록 2014. 2. 21. 제2014-000020호
ISBN 979-11-87506-70-6 03230

무근검은 남포교회출판부의 새로운 이름입니다.
무근검은 '하나님의 영광은 무겁고 오래된 칼과 같다'라는 뜻입니다.

성경공부 시리즈 110

히브리서 2

HEBREWS 09-13

The Epistle
to the Hebrews

박영선 지음

무근검

들어가는 말

이 책은 남포교회 구역 모임을 위한 교재입니다. 히브리서 강해 설교집인 《박영선의 다시 보는 히브리서》를 저본으로, 신앙생활에서 잊지 말아야 할 가르침과 교회 생활을 하며 함께 생각해 보아야 할 점들을 염두에 두고 열한 장을 가려 뽑았습니다. 히브리서를 더 깊이 공부하길 원하는 분은 위의 설교집을 읽으면 도움이 될 것입니다. 이 공부를 통해 신앙의 핵심을 되새기고 더욱 풍성한 교회 생활을 누리기 바랍니다.

차례

그는 새 언약의 중보자시니

11 그리스도께서는 장래 좋은 일의 대제사장으로 오사 손으로 짓지 아
니한 것 곧 이 창조에 속하지 아니한 더 크고 온전한 장막으로 말미암아
12 염소와 송아지의 피로 하지 아니하고 오직 자기의 피로 영원한 속죄
를 이루사 단번에 성소에 들어가셨느니라 **13** 염소와 황소의 피와 및 암
송아지의 재를 부정한 자에게 뿌려 그 육체를 정결하게 하여 거룩하게
하거든 **14** 하물며 영원하신 성령으로 말미암아 흠 없는 자기를 하나님께
드린 그리스도의 피가 어찌 너희 양심을 죽은 행실에서 깨끗하게 하고
살아 계신 하나님을 섬기게 하지 못하겠느냐 **15** 이로 말미암아 그는 새
언약의 중보자시니 이는 첫 언약 때에 범한 죄에서 속량하려고 죽으사
부르심을 입은 자로 하여금 영원한 기업의 약속을 얻게 하려 하심이라
16 유언은 유언한 자가 죽어야 되나니 **17** 유언은 그 사람이 죽은 후에야
유효한즉 유언한 자가 살아 있는 동안에는 효력이 없느니라 (히 9:11–17)

01

십자가와 회개를 넘어서

히브리서는 핍박받는 초대교회를 향해 그들이 받는 고난을 당연하게 여기라고 권면합니다. 이 권면의 근거는 11절에 나오듯이 예수 그리스도가 장래 좋은 일의 대제사장으로 오셨기 때문입니다. 우리는 현재에 있고, 예수 그리스도는 장래 좋은 일을 완성하기 위한 대제사장으로 계십니다. 이처럼 히브리서에서 다루는 예수 그리스도의 사역은 십자가를 넘어서 있습니다.

그런데 우리는 무슨 일만 생기면 바로 십자가로 돌아갑니다. 자신의 신앙생활을 잘잘못을 기준으로 판단한 다음, 잘못했다는 생각이 들면 매번 십자가로 돌아가려고 합니다. 그렇게 십자가가 신앙생활의 유일한 목적지가 되어 버립니다. 십자가는 종착지가 아니라 시작점이고, 새로운 미래를 향해 가는 출발선이라는 것을 모르기 때문입니다. 그래서 모든 신앙 행위를 언제나 회개와 관련지어 생각할 뿐, 잘하기 위한 기회로는 이해하지 않습니다.

하지만 성경은 이렇게 이야기합니다. "이로 말미암아 그는 새 언약의 중보자시니 이는 첫 언약 때에 범한 죄에서 속량하려고 죽으사 부르심을 입은 자로 하여금 영원한 기업의 약속을 얻게 하려 하심이라"(히 9:15). 십자가로 과거를 끝내고 새로운 시작을 만들어 우리로 영원한 기업을 얻게 하려고 예수께서 죽으셨습니다. 이 예수는 십자가를 넘어 지금 하늘 보좌 우편에서 우리를 위한 대제사장으로 일하고 계십니다.

우리가 신앙생활을 하면서 가장 답답했던 대목은 '예수께서 십자가로 우리를 구원하시고 영원한 대제사장으로 지금 보좌 우편에 앉아 우리를 위하여 기도하고 계시는데, 우리 인생은 왜 이렇게 고단한가. 왜 우리는 만족할 만한 신앙생활을 누리지 못하는가'입니다. 이 문제를 해결하기 위해 히브리서 9장 27절 이하를 봅시다.

> 한 번 죽는 것은 사람에게 정해진 것이요 그 후에는 심판이 있으리니 이와 같이 그리스도도 많은 사람의 죄를 담당하시려고 단번에 드리신 바 되셨고 구원에 이르게 하기 위하여 죄와 상관없이 자기를 바라는 자들에게 두 번째 나타나시리라 (히 9:27-28)

느닷없이 "한 번 죽는 것은 사람에게 정해진 것이요 그 후에는 심판이 있으리니"라는 이야기는 왜 나올까요? 우리는 이런 이야기를 들으면 겁이 납니다. 누군가 갑자기 와서 "너 이제 곧 죽는다. 그리고 죽은 다음에는 심판이 기다리고 있다"라고 말하면, 듣는 사람은 어떤 생각이 들까요? '이제부터라도 죄짓지 말고 살아야겠다'라는 생각이 스칠 것입니다.

그러나 "한 번 죽는 것은 사람에게 정해진 것이요 그 후에는 심판이 있으리라"라는 말씀은 무서운 엄포가 아닙니다. '지금은 예수의 초림과 재림 사이를 살아가는 시간이다. 지금이 기회다. 열심히 공부하고 배워라. 다 너 훌륭해지라고 하는 요구이다. 너는 훌륭해질 기회와 조건 속에 있다. 외적 조건은 내가 다 갖춰 놓을 테니 너는 실력을 길러라. 정체성과 가치를 가꾸어 훌륭해져야 한다. 그렇지 않으면 외적 조건이 잘 갖춰져 있어도 아무 소용이 없다'라는 말씀입니다.

우리 자신이 이런 기회와 책임 속에 있다는 사실을 깨닫지 못하면, 우리는 언제나 잘잘못이라는 기준에 묶여 울고 회개하고 하나님 앞에 진심을 확인받고 하는 일만 반복하게 될 것입니다. '하나님, 이것도 잘못했습니다. 저것도 잘못했습니다'라는 회개만 거듭할 뿐, 거기서 한 발짝도 나아가지 못하고 제자리걸음만 하게 될 것입니다.

공부는 어떻게 하는 거죠? 실제로 해 보는 것입니다. 시험을 쳐 보면, 알고 있다고 생각한 것인데 틀리고 엉뚱한 답을 찍었는데 정답을 맞히는 일을 경험하게 됩니다. 이런 과정을 통해 실력이 길러집니다.

우리 인생을 보면, 마치 하나님이 우리를 학교에 보내신 것 같습니다. 우리로 많은 도전과 위협과 시험 속에 살게 하십니다. 가장 큰 도전은 무엇입니까? 세상이 휘두르는 폭력 앞에 서는 일입니다. 세상은 약육강식, 적자생존을 외치며 우리더러 강해지거나 독해지라고 합니다. 하나님은 그 조건 속에 우리를 넣어 두고 일하십니다. 하나님이 우리를 위하여 자기 아들을 보내셨고, 그 아들이 십자가를 지고 부활하시고 승천하셔서 지금 우리 편을 들고 계십니다. 그러나 우리의 현실은 이 폭력과 공포가 가득한 세상을 살아가야만 합니다. 이 속에서 매일 우리에게 닥치는 도전과 시험에 스스로 답을 해야 합니다.

나이를 먹고 나서 '다시 학창 시절로 돌아가면 어떨까'라는 생각을 다들 해 보셨을 것입니다. '내가 다시 중학교로 돌아가면 그때는 친구들과 어울려 다니지 않고 공부 잘할 텐데'라고 상상하고는 합니다. 잘한다는 게 무엇입니까? 모든 시간에 집중하는 것입니다. 그런 마음을 가지는 것이 열매입니다. 나이를 먹고 우리는 인생의 최고 덕목이 성실함이라는 사실을 알게 됩니다. 예를 들어 수학은 어떻게 해야 잘하죠? 머리가 좋아야 잘하는 게 아니라, 외워야 잘합니다. 수학도 암기 과목이라는 것을 학생 때는 잘 몰랐는데, 실은 수학도 외워야 잘합니다. 외우면 이치가 깨달아집니다. 영어도 마찬가지입니다. 당연히 외워야 합니다. 암기력에 관한 이야기가 아닙니다. 주어진 시간을 성실히 살아 내는 것이 가장 중요합니다.

자녀에게 요구되는 자발성

나이가 들면 이런 깨달음을 얻게 됩니다. 이겨도 아무 소용이 없고, 보복해도 쓸데없다는 것입니다. 이겼다고 생각한 것이 인생에서 별 의미가 없습니다. 이런 배움은 긴 시간을 통해서만 얻을 수 있습니다.

탕자의 비유를 생각해 봅시다. 그는 고아였습니까? 아닙니다. 그는 한 집안의 아들이었습니다. 그런데 이 아들이 집을 나갑니다. 나가서 무엇을 배웁니까? 세상에는 가치 있는 것이 없다는 사실을 배웁니다. 정당한 보상도 없고 영광도 없다는 것을 깨달아 아버지에게 돌아옵니다. '내 아버지 집에는 품꾼들마저도 넉넉했다.' 이는 경제적 측면만을 이야기한 것이 아닙니다. '내 아버지 집에서는 누구나 사람대접을 받았다. 이제 나는 아버지에게 돌아가야겠다'라는 결심입니다. 그가 돌아와서 아버지에게 뭐라고 이야기합니까? "아버지, 저는 감히 아버지의 아들로 불릴 자격도 없습니다. 그저 저를 품꾼의 하나로 보시옵소서." 이에 아버지가 뭐라고 하죠? "무슨 소리냐. 여봐라, 내 아들에게 새 신을 신겨라. 가락지를 끼워라. 송아지를 잡아라. 죽었던 내 자식이 살아 돌아왔다."

이 비유는 단지 회개를 말하고 있지 않습니다. 회개의 가치와 비교할 수 없이 깊은 진리를 말하고 있습니다. 이 비유는 우리가 겪는 신앙 인생을 진솔하게 보여 줍니다. 인생이라는 긴 시간 동안, 신자다운 인생을 살 겨를은 막판밖에 없습니다. 그 전에는 집을 나가 본 적 없는 큰아들처럼 삽니다. 큰아들이 아버지에게 했던 이야기를 우리도 하며 삽니다. "저 자식은 다 팔아먹고 빈털터리로 돌아왔는데, 왜 송아지를 잡아 주죠? 나한테는 염소 새끼라도 한번 줘 봤어요? 병아리라도 한번 삶아 줘 봤어요?" 큰아들이 이런 불평을 한 것은 자기가 처한 자리와 그 자리에서 배워야 하는 가치를 모르고 있었기 때문입니다. 순종하고 말씀을 따르는 삶이 지닌 가치를 모르면 "내 모든 소유가 다 네 것이 아니냐"라는 아버지의 말을 깨닫지 못합니다. 큰아들은 아버지의 기업을 아직 자기 것으로 삼지 못했습니다. 아버지의 소유를 아들에게 맹목적으로 물려주려 한다면 그건 다만 강제로 묶여 있는 자리에 불과한데, 하나님은 그걸 원하지 않으십니다.

하나님이 우리에게 원하시는 것은 자발적 항복입니다. 하나님이 자원하여 우리에게 그리하셨던 것처럼, 우리 역시 하나님에게 기꺼이 나아오기를 원하십니다. 우리가 아직 죄인이었을 때에 우리를 찾아오신 것처럼 말입니다. 우리가 소원하고 기도하여 보상해 주신 것이 아닙니다. 하나님이 먼저 우리를 찾아오셨습니다. 하나님은 우리 앞에 세상과 당신을 동등하게 두신 다음 우리가 하나님을 선택하여 자발적으로 항복하기를 원하십니다. 이기면 전부가 아니라, 인간이라는 존재에 대한 확인과 만족의 가치를 알게 하십니다. 하나님이 우리에게 그런 거대한 목적과 뜻을 두어 역사와 인생 속에서 살 기회를 주신 것입니다. 얼마나 굉장한 기독교입니까.

책임지는 존재로 자라 가라

에베소서 4장에서는 이렇게 요구합니다.

> 우리가 다 하나님의 아들을 믿는 것과 아는 일에 하나가 되어 온전한 사람을 이루어 그리스도의 장성한 분량이 충만한 데까지 이르리니 이는 우리가 이제부터 어린 아이가 되지 아니하여 사람의 속임수와 간사한 유혹에 빠져 온갖 교훈의 풍조에 밀려 요동하지 않게 하려 함이라 오직 사랑 안에서 참된 것을 하여 범사에 그에게까지 자랄지라 그는 머리니 곧 그리스도라
> (엡 4:13-15)

하나님이 우리를 신적 경지에 이르도록 부르고 있습니다. 놀랍지 않습니까? 우리를 당신의 자녀라고 부르십니다. 우리더러 하나님을 아버지라고 부르게 하십니다. 아버지와 자식은 모든 관계 중 가장 친밀한 사이입니다. 우리의 인생이 이처럼 그리스도의 장성한 분량에 이르게 하기 위하여 하나님이 구체적으로 일하시고 요구하시는 시간이요 기회라는 것을 안다면, 우리는 다만 명분이나 이상이나 기대라는 이름으로 오늘을 낭비하거나 외면하는 인생을 살 수 없을 것입니다.

결국, 사랑입니다. 사랑은 윤리도 명분도 아닙니다. 최고의 자발성입니다. 우리는 사랑하는 존재가 되어야 합니다. 책임지는 존재가 되어야 합니다. 이것은 인간으로서는 상상할 수 없던 엄청난 약속입니다.

대개 사람들이 종교를 가지는 이유는 자기 책임을 누군가에게 미루기 위해서가 아닙니까. 심지어 신자들도 이런 기도를 많이 합니다. "하나님의 뜻을 제게 알려 주셔서 제가 책임지지 않게 해 주십시오." 그러나 하나님은 우리가, 하나님이 원하시는

컨텍스트에 우리 자신을 본문으로 채우는 길을 가기를 원하십니다. 사랑하는 존재로서 명예롭게 책임을 지는 자로 그리스도에게까지 자라 가야 합니다.

때로는 기도 외에는 방법이 없고, 그저 비명 지를 수밖에 없는 일을 맞닥뜨렸는데도 하나님이 답을 안 주시면 어떻게 해야 할까요? 그때는 실력만큼 하십시오. 때로는 화를 내기도 하고, 울기도 하고, 밥상을 걷어차기도 할 것입니다. 그런 일을 겪고 나면 무엇을 배우게 될까요? 밥상을 엎으면 엎은 사람이 치울 수밖에 없다는 것을 배웁니다. 이런 행동은 진정한 강함을 드러내는 일이 아니다, 명예로운 일도 아니다, 다만 못난 짓이다, 라는 사실을 배우게 됩니다. 그러니 각자의 신앙 인생을 참되고 충일하게 살아 내십시오. 비난하고 원망해서 누구에게 책임을 떠미는 기만에서 벗어나십시오. 위대한 신자로 살아가십시오.

질문하기

1.

우리는 무슨 일만 생기면 바로 십자가로 돌아갑니다. 그 이유가 무엇입니까?

2.

“한 번 죽는 것은 사람에게 정해진 것이요 그 후에는 심판이 있으리라”(히 9:27)라는 말씀의 뜻은 무엇입니까?

3.

하나님이 우리에게 원하시는 것은 무엇입니까?

나누기

대개 사람들은 자기 책임을 미루기 위해서 종교를 가집니다. 신자가 예수를 믿는 것은 이들과 어떻게 다른지 생각하고 나누어 봅시다.

우리는 뒤로 물러가
멸망할 자가 아니요

19 그러므로 형제들아 우리가 예수의 피를 힘입어 성소에 들어갈 담력을
얻었나니 20 그 길은 우리를 위하여 휘장 가운데로 열어 놓으신 새로운
살 길이요 휘장은 곧 그의 육체니라 21 또 하나님의 집 다스리는 큰 제사
장이 계시매 22 우리가 마음에 뿌림을 받아 악한 양심으로부터 벗어나고
몸은 맑은 물로 씻음을 받았으니 참 마음과 온전한 믿음으로 하나님께 나
아가자 23 또 약속하신 이는 미쁘시니 우리가 믿는 도리의 소망을 움직
이지 말며 굳게 잡고 24 서로 돌아보아 사랑과 선행을 격려하며 25 모이
기를 폐하는 어떤 사람들의 습관과 같이 하지 말고 오직 권하여 그 날이
가까움을 볼수록 더욱 그리하자 26 우리가 진리를 아는 지식을 받은 후
짐짓 죄를 범한즉 다시 속죄하는 제사가 없고 27 오직 무서운 마음으로
심판을 기다리는 것과 대적하는 자를 태울 맹렬한 불만 있으리라 28 모
세의 법을 폐한 자도 두세 증인으로 말미암아 불쌍히 여김을 받지 못하고
죽었거든 29 하물며 하나님의 아들을 짓밟고 자기를 거룩하게 한 언약의
피를 부정한 것으로 여기고 은혜의 성령을 욕되게 하는 자가 당연히 받을

02

형벌은 얼마나 더 무겁겠느냐 너희는 생각하라 **30** 원수 갚는 것이 내게
있으니 내가 갚으리라 하시고 또 다시 주께서 그의 백성을 심판하리라 말
씀하신 것을 우리가 아노니 **31** 살아 계신 하나님의 손에 빠져 들어가는
것이 무서울진저 **32** 전날에 너희가 빛을 받은 후에 고난의 큰 싸움을 견
디어 낸 것을 생각하라 **33** 혹은 비방과 환난으로써 사람에게 구경거리가
되고 혹은 이런 형편에 있는 자들과 사귀는 자가 되었으니 **34** 너희가 갇
힌 자를 동정하고 너희 소유를 빼앗기는 것도 기쁘게 당한 것은 더 낫고
영구한 소유가 있는 줄 앎이라 **35** 그러므로 너희 담대함을 버리지 말라
이것이 큰 상을 얻게 하느니라 **36** 너희에게 인내가 필요함은 너희가 하
나님의 뜻을 행한 후에 약속하신 것을 받기 위함이라 **37** 잠시 잠깐 후면
오실 이가 오시리니 지체하지 아니하시리라 **38** 나의 의인은 믿음으로 말
미암아 살리라 또한 뒤로 물러가면 내 마음이 그를 기뻐하지 아니하리라
하셨느니라 **39** 우리는 뒤로 물러가 멸망할 자가 아니요 오직 영혼을 구
원함에 이르는 믿음을 가진 자니라 (히 10:19-39)

견뎌야 하는 시간

히브리서가 하는 꾸중과 격려에는 우리가 예수를 믿고 나면 그것으로 끝이 아니라, 예수가 다시 오시는 날까지 혹은 우리 개인에게 닥칠 종말의 날까지 아직 남은 길고 긴 시간을 견뎌야 한다는 사실이 전제되어 있습니다. 그 시간은 어떤 의미가 있느냐에 답하는 책이 히브리서입니다.

우리는 구원받은 이후의 시간을 살면서 회의가 생길 때가 있습니다. 예수를 믿고 진심을 바치는데도 기대했던 신앙생활을 하지 못하는 자신의 실력 때문입니다. 또한, 신자의 현실에는 여전히 고난이 가득한데 이런 일들이 내가 신앙생활을 제대로 하지 못해서 벌어지는 일로 여겨지기 때문입니다.

하지만 히브리서는 우리가 예수를 믿고 난 후 당장 천국에 가는 것이 아니라 예수를 대적하는 환경 속에서 살아가야 한다고 말합니다. 그러한 환경 속에서 외부로부터 오는 도전 즉, 외적 고난뿐만 아니라 내적 갈등으로 인한 내적 고난도 겪는다고 말합니다. 이 부분을 다룬 대표적 성경 구절을 찾아가 봅시다. 로마서 7장입니다.

> 내가 행하는 것을 내가 알지 못하노니 곧 내가 원하는 것은 행하지 아니하고 도리어 미워하는 것을 행함이라 만일 내가 원하지 아니하는 그것을 행하면 내가 이로써 율법이 선한 것을 시인하노니 이제는 그것을 행하는 자가 내가 아니요 내 속에 거하는 죄니라 내 속 곧 내 육신에 선한 것이 거하지 아니하는 줄을 아노니 원함은 내게 있으나 선을 행하는 것은 없노라 내가 원하는 바 선은 행하지 아니하고 도리어 원하지 아니하는 바 악을 행하는도다 만일 내가 원하지 아니하는 그것을 하면 이를 행하는 자는 내가 아니요 내 속에 거하는 죄니라 그러므로 내가 한 법을 깨달았노니 곧 선을 행하기 원하는 나에게 악이 함께 있는 것이로다 내 속사람으로는 하나님의 법을 즐거워하되 내 지체 속에서 한 다른 법이 내 마음의 법과 싸워 내 지체 속에 있는 죄의 법으로 나를 사로잡는 것을 보는도다 오호라 나는 곤고한 사람이로다 이 사망의 몸에서 누가 나를 건져내랴 (롬 7:15-24)

로마서 7장 24절의 고백은 인류가 역사 내내 내지른 비명입니다. 선악을 구별하지 못하는 것도 문제지만, 알면서도 잘되지 않는 것 역시 큰 문제입니다. 더 놀라운 점은 예수를 믿고 난 다음에도 이 비명이 사라지지 않는다는 것입니다. "오호라 나는 곤고한 사람이로다 이 사망의 몸에서 누가 나를 건져내랴"(롬 7:24). 믿기 전과 다르지 않아 보이는 현실입니다. 왜 나는 죄만 짓는가, 선을 행하는 것은 어쩌다 일생에 한두 번 있을 뿐, 못난 짓을 안 하려고 하는데도 왜 자꾸 저지르는가 하는 비명이 계속됩니다. 그런데 25절을 보면, '우리 주 예수 그리스도로 말미암아 하나님께 감사하리로다'라고 말합니다. 비명에 대한 답이 예수로 주어집니다.

그런데 24절에 나온 '나는 왜 죄밖에 짓지 못하는가' 하는 비명에 대하여 25절에서 '우리 주 예수 그리스도로 말미암아 하나님께 감사하리로다'라고 했으니 분명 모든 문제가 해결되어야 할 것 같은데 그렇지도 않습니다. '우리 주 예수 그리스도로 말미암아 하나님께 감사하리로다'라는 구절은 '그런즉 내 자신이 마음으로는 하나님의 법을 육신으로는 죄의 법을 섬기노라'로 이어집니다. 우리의 비명과 갈망에 예수가 답이 되었으니 '이제 예수 그리스도로 말미암아 다시는 죄를 꿈도 꾸지 않는다'라거나 '오직 선한 생각만 하고 의로운 결정만 내린다'라는 결론이 이어져야 할 것 같은데, 아직도 죄의 법이 남아 있고 그 힘이 약해진 것 같지도 않습니다.

물론 선을 향한 의지와 소원은 더 커졌습니다. 그런데 신자답게 살겠다는 의욕과 명분이 강화되자, 죄의 힘 역시 더욱 강화되어서 우리가 지르는 비명이 옛날보다 더 처절해졌습니다. 이것이 우리의 현실입니다.

새 언약이 하는 일

이런 난제에 대한 해답을 히브리서가 새 언약을 소개한 데서 발견할 수 있습니다. '옛 언약은 효력이 없으므로 내가 너희와 새로운 언약을 맺어 너희에게 둔 목적을 반드시 성취하겠다. 새 언약은 내가 너희 마음에 둔 것이다'라고 하였습니다. 새 언약이 들어왔는데, 이 언약은 옛 언약이 없애지 못했던 죄와 사망을 완전히 몰아내겠다는 것이 아닙니다. 현실에서 보다시피 예수를 믿으면 바로 천국으로 부름을 받는 것이 아니라, 하나님의 자녀가 되었음에도 죄악이 권력을 행사하는 환경 속에 남겨져 있습니다. 예수 그리스도로 말미암아 주어진 새 언약이, 하나님의 뜻을 이루시려는 거룩하고 권능에 찬 약속이 우리 속에 들어와 옛 죄와 사망의 권세가 꺾이지 않는 갈등의 현실을 만들어 낸다고 말합니다. 그러니 놀랍습니다.

우리는 "하나님, 왜 갈등과 실패를 완벽하게 해결해 주는 구원을 주시지 않습니까?"라고 질문합니다. 이 질문이 나와야 마땅합니다. 우리는 십자가로 인하여 우리에게 갈등과 실패가 더는 없을 거라고 막연히 믿는데, 현실은 그렇지 않기 때문에 스스로 자신을 괴롭힙니다. 회개하고 또 회개하고, 울고 금식하고 자학하여 어떻게 해서든지 마음에서 죄를 몰아내려고 합니다. 이에 대해 성경은 '괜찮다. 생명의 성령의 법이 이길 것이다'라고 이야기합니다. 로마서 8장 1절 이하를 봅시다.

그러므로 이제 그리스도 예수 안에 있는 자에게는 결코 정죄함이 없나니 이는 그리스도 예수 안에 있는 생명의 성령의 법이 죄와 사망의 법에서 너를 해방하였음이라 (롬 8:1-2)

그러면 이제 죄를 안 짓게 되었다는 말입니까? 아닙니다. 생명의 성령의 법이 들어와서 죄와 사망의 법이 몰고 간 비극적 운명과 그 참혹한 결과를 이길 것이라고 합니다. 소멸하고 해소하고 쫓아내어 이기는 것이 아닙니다. 그 둘 사이의 갈등이 '오호라 나는 곤고한 사람이로다'라는 비탄과 절규를 자아내지만, 결국 비극과 절망으로 끝나지 않게 하여 이길 것이라고 합니다.

예언적 완료와 성도의 현실

그다음에 이런 말씀이 이어집니다.

하나님이 미리 아신 자들을 또한 그 아들의 형상을 본받게 하기 위하여 미리 정하셨으니 이는 그로 많은 형제 중에서 맏아들이 되게 하려 하심이니라 또 미리 정하신 그들을 또한 부르시고 부르신 그들을 또한 의롭다 하시고 의롭다 하신 그들을 또한 영화롭게 하셨느니라 (롬 8:29-30)

하나님의 자녀들의 승리와 영광은 예수 안에서 이미 결정되어 있습니다. 미리 아셨고, 부르셨고, 의롭다고 하셨고, 영화롭게 하셨습니다. 미래에 일어날 일인데, 전부 완료형으로 표현되어 있습니다. 이를 예언적 완료, 선지적 완료라고 합니다. '완료'라고 했으니 결국 완료될 일을 현재 누려야 하는데, 지금은 완료되지 않은 상태에 있습니다. 하지만 결국 예정된 운명으로 가고야 말 것입니다. 우리는 어차피 승리로 갈 거면 굳이 이런 시간을 가질 필요가 있는지 의아합니다.

지금 여기에서 우리가 누리는 이 시간은 어떤 시간입니까? 헤매는 시간입니다. 성경은 이런 시간이 일을 한다고 이야기합니다. 그러니 우리의 신앙 현실과 인생에서 일어나는 모든 일에 대해 더욱 적극적으로 이해하라고 권면합니다. 무엇에 관한 것까지입니까? 실패까지도 말입니다. 얼마나 열심히 격려하는지 보십시오. 이어서 31절 이하를 봅시다.

> 그런즉 이 일에 대하여 우리가 무슨 말 하리요 만일 하나님이 우리를 위하시면 누가 우리를 대적하리요 자기 아들을 아끼지 아니하시고 우리 모든 사람을 위하여 내주신 이가 어찌 그 아들과 함께 모든 것을 우리에게 주시지 아니하겠느냐 누가 능히 하나님께서 택하신 자들을 고발하리요 의롭다 하신 이는 하나님이시니 누가 정죄하리요 죽으실 뿐 아니라 다시 살아나신 이는 그리스도 예수시니 그는 하나님 우편에 계신 자요 우리를 위하여 간구하시는 자시니라 (롬 8:31-34)

우리를 위하여 십자가를 지셨을 뿐만 아니라 그렇게 구해 낸 우리를 위하여 지금도 하늘 보좌 우편에서 기도하고 계신 분이 바로 우리의 구주이신 예수 그리스도입니다. 그 예수를 보내신 이가 우리 하나님입니다. 이런 이야기를 계속하는 것은 우리에게 이 격려가 필요해서 그렇습니다. 우리의 현실을 돌아보면 '나는 아닌가 보다'라는 생각이 들 만큼 자신이 없습니다. '이건 예수 믿는 게 아니다. 이건 아니다'라는 생각이 들 때마다 새겨야 하는 말씀입니다. '이것으로 끝이 아니다. 너는 결단코 망하지 않는다.' 뒤에는 이런 격려가 이어집니다.

> 누가 우리를 그리스도의 사랑에서 끊으리요 환난이나 곤고나 박해나 기근이나 적신이나 위험이나 칼이랴 기록된 바 우리가 종일 주를 위하여 죽임을 당하게 되며 도살 당할 양 같이 여김을 받았나이다 함과 같으니라 (롬 8:35–36)

도살 당할 양같이 '오늘 콱 죽어 버릴까. 내일 죽어 버릴까' 그런 생각이 드는 것이 당연하다고 합니다. 하나님의 자녀가 되었음에도 평안하지 않고 마음에 확신이 없다는 이야기입니다. 그리고는 이렇게 이어집니다.

> 내가 확신하노니 사망이나 생명이나 천사들이나 권세자들이나 현재 일이나 장래 일이나 능력이나 높음이나 깊음이나 다른 어떤 피조물이라도 우리를 우리 주 그리스도 예수 안에 있는 하나님의 사랑에서 끊을 수 없으리라 (롬 8:38–39)

어디까지 내려가 보았습니까? 더는 희망이 없는 자리, 더는 타협할 수 없는 원망의 자리, 분노의 자리, 절망의 자리, 부끄러운 자리, 비참한 자리까지 내려가 보았습니까? 거기에 처한 이들에게 주께서 이런 위로를 하고 계신 것입니다.

왜 하나님은 우리에게 이런 과정을 요구하실까요? 우리로 자기 십자가를 지고 예수를 따라가게 하기 위해서입니다. 성경은 제자도를 이렇게 말씀합니다. '누구든지 나를 따라오려거든 자기를 부인하고 자기 십자가를 지고 나를 따를 것이니라'(마 16:24 하). 우리는 보통 이 구절을 '지극함'의 관점에서 이해합니다. 구절의 뜻은 모르고 지극함, 열심, 진심으로만 받아들이는 것입니다. '자기를 부인하고'라는 말씀은 '내 이해와 능력 밖까지 좇아가는 것'을 의미합니다.

우리는 하나님이 십자가로 일하신다는 것이 얼른 이해가 되지 않습니다. '십자가를 진다'라는 말은 육체를 따라 시간과 공간과 경우를 사는 것입니다. 예수께서 오셔서 무슨 일을 하셨습니까? 나병 환자를 고치고 죽은 자를 살리고 오병이어의 기적을 베풀며 바다를 잠잠하게 하셨습니다. 그랬던 이가 십자가에서 죽었습니다. 그것이 하나님이 일하시는 방법이요 우리를 부르신 복된 기회라고 합니다. '구원을 받을 만한 다른 이름을 우리에게 주신 일이 없'다는 사도행전 4장 12절의 말씀은 배타적 선언이 아닙니다. '예수가 십자가를 져서 구원을 이루셨듯이, 우리가 받은 구원은 인생의 말할 수 없는 모든 정황을 거쳐서 완성에 이르게 돼 있다'라는 의미입니다.

질문하기

1.

히브리서는 어떤 질문에 답을 하는 책입니까?

2.

예수 그리스도로 말미암아 주어진 새 언약이, 하나님의 뜻을 이루시려는 거룩하고 권능에 찬 약속이 우리 속에 들어와 만들어 내는 현실은 무엇입니까?

3.

'자기를 부인하고'(마 16:24)라는 말씀의 의미는 무엇입니까?

나누기

성경에서 하나님이 일하신다고 말하는 지금 이 시간, 나는 어떤 부분에서 헤매고 있는지 생각해 봅시다.

선진들이
이로써 증거를
얻었느니라

1 믿음은 바라는 것들의 실상이요 보이지 않는 것들의 증거니 **2** 선진들
이 이로써 증거를 얻었느니라 **3** 믿음으로 모든 세계가 하나님의 말씀으
로 지어진 줄을 우리가 아나니 보이는 것은 나타난 것으로 말미암아 된
것이 아니니라 **4** 믿음으로 아벨은 가인보다 더 나은 제사를 하나님께 드
림으로 의로운 자라 하시는 증거를 얻었으니 하나님이 그 예물에 대하여
증언하심이라 그가 죽었으나 그 믿음으로써 지금도 말하느니라 **5** 믿음으
로 에녹은 죽음을 보지 않고 옮겨졌으니 하나님이 그를 옮기심으로 다시
보이지 아니하였느니라 그는 옮겨지기 전에 하나님을 기쁘시게 하는 자
라 하는 증거를 받았느니라 **6** 믿음이 없이는 하나님을 기쁘시게 하지 못
하나니 하나님께 나아가는 자는 반드시 그가 계신 것과 또한 그가 자기
를 찾는 자들에게 상 주시는 이심을 믿어야 할지니라 **7** 믿음으로 노아는
아직 보이지 않는 일에 경고하심을 받아 경외함으로 방주를 준비하여 그
집을 구원하였으니 이로 말미암아 세상을 정죄하고 믿음을 따르는 의의
상속자가 되었느니라 **8** 믿음으로 아브라함은 부르심을 받았을 때에 순

03

종하여 장래의 유업으로 받을 땅에 나아갈새 갈 바를 알지 못하고 나아
갔으며 **9** 믿음으로 그가 이방의 땅에 있는 것 같이 약속의 땅에 거류하
여 동일한 약속을 유업으로 함께 받은 이삭 및 야곱과 더불어 장막에 거
하였으니 **10** 이는 그가 하나님이 계획하시고 지으실 터가 있는 성을 바
랐음이라 **11** 믿음으로 사라 자신도 나이가 많아 단산하였으나 잉태할 수
있는 힘을 얻었으니 이는 약속하신 이를 미쁘신 줄 알았음이라 **12** 이러
므로 죽은 자와 같은 한 사람으로 말미암아 하늘의 허다한 별과 또 해변
의 무수한 모래와 같이 많은 후손이 생육하였느니라 (히 11:1-12)

보상의 원리를 넘어서 있는 믿음

히브리서 11장은, 믿음은 바라는 것들의 실상이요 보이지 않는 것들의 증거니 선진들이 이로써 증거를 얻었다, 믿음은 모든 세계가 하나님의 말씀으로 지어진 줄을 알게 하는 것이라고 믿음을 소개합니다. 그런 다음, 아벨, 에녹, 노아와 같은 사람들을 나열합니다. 이들은 여기에 왜 등장했을까요?

인류의 조상 아담은 하나님의 법을 어겨 사망을 자초하였는데, 사망을 초래한 그 법을 상회하는 것이 믿음입니다. 이 일이 어떻게 가능합니까? 하나님은 가인과 아벨이 어떻게 사는지 관망만 하지 않으시고, 아벨에게 나타나 의의 제사가 무엇인지 알려 주셨습니다. 에녹과는 친히 동행하셔서 그가 죽음을 보지 않고 승천하게 하셨습니다. 노아에게는 멸망 당할 인류 앞에서 그와 그의 가족이 구원을 얻도록 역사하셨습니다. 인류가 자기들이 범한 죄 때문에 멸망하는 상황을 하나님은 원치 않으셨습니다. 그래서 하나님이 이 세상에 개입하셨습니다. 어떻게 개입하셨습니까?

하나님은 전에 우리가 알고 있던 보상의 원리나 원인과 결과의 법칙을 넘어서 있는 '믿음'이라는 방법을 도입하셨습니다. '하나님이 역사에 개입하셨다', '우리가 자초한 멸망의 운명대로 내버려 두지 않으셨다'라고 설명하는 것이 믿음입니다. 히브리서 11장 6절에 나오는 말씀 "믿음이 없이는 하나님을 기쁘시게 하지 못하나니 하나님께 나아가는 자는 반드시 그가 계신 것과 또한 그가 자기를 찾는 자들에게 상 주시는 이심을 믿어야 할지니라"에서처럼 하나님은 목적을 갖고 계시며, 우리가 하나님에게 나아가기를 원하십니다.

세상이 가진 목적은 무엇입니까? 세상이 만들 수 있는 건 멸망밖에 없습니다. 결국은 다 죽습니다. 그런데 하나님은 인류와 역사를 외면하는 분이 아니십니다. 하나님이 우리를 위하여 인류와 역사에 개입하고 계심을 우리가 경험합니다. 무엇을 통하여 경험합니까? 바로 우리가 예수를 믿게 된 일로 경험합니다. 예수를 믿는다는 것은 다른 어떤 방법으로도 믿게 할 수 없는 것을 믿는 것입니다. 하나님이 지금도 일하고 계신다는 증거입니다.

예언의 성취자 예수

히브리서 11장에 나오는 믿음은 막막해 보입니다. 우리가 믿고는 있지만, 그 믿음의 근거가 우리 자신에게 없고, 우리가 기대하는 만큼 하나님이 허락해 주지 않으십니다. 때로는 왜 예수를 믿어서 이런 고생을 겪는가 싶습니다. 우리가 무척이나 겁내는 질문 중 하나가 "당신은 믿음이 있어?"입니다. 이 질문에 답하기가 참 어렵습니다. 믿음이 있으면 완벽해야만 할 것 같은데 시간이 아무리 지나도 완벽해지지 않습니다. 그렇다고 믿음이 없다고 말할 수도 없습니다. 그래서 그런 질문을 받으면 "믿음은 있는데, 더는 물어보지 마" 이렇게 대답하고 맙니다.

우리는 현실에 대해 늘 이런 질문을 던집니다. "이게 뭐냐? 이게 믿는 거야, 마는 거야? 난 왜 맨날 이 꼴이야? 대체 하나님은 뭐하고 계셔?" 우리가 늘 하는 기도는 "하나님, 나한테 왜 이러세요?"입니다. 우리는 자신의 실존을 이해할 수 없을 때마다 하나님에게 화를 냅니다. 믿음이 우리의 이해나 기대와 다르기 때문입니다. 그러나 이것이야말로 재창조를 이루시는 하나님의 신비한 방법이요, 목적이요, 내용입니다.

결국, 믿음이란 우리가 그 믿음의 목적을 기다릴 수밖에 없는 것입니다. 무엇을 근거로 하여 기다리는 것이 가능할까요? 하나님이 우리에게 도입하신 믿음이라는 방법 속에 아주 중요한 계시가 있습니다. 목적과 내용과 약속의 신실하심이 있습니다. 어디에 있습니까? 예수에게 있습니다. 마태복음 13장입니다.

> 제자들이 예수께 나아와 이르되 어찌하여 그들에게 비유로 말씀하시나이까 대답하여 이르시되 천국의 비밀을 아는 것이 너희에게는 허락되었으나 그들에게는 아니되었나니 무릇 있는 자는 받아 넉넉하게 되되 없는 자는 그 있는 것도 빼앗기리라

> 그러므로 내가 그들에게 비유로 말하는 것은 그들이 보아도 보지 못하며 들어도 듣지 못하며 깨닫지 못함이니라 이사야의 예언이 그들에게 이루어졌으니 일렀으되 너희가 듣기는 들어도 깨닫지 못할 것이요 보기는 보아도 알지 못하리라 이 백성들의 마음이 완악하여져서 그 귀는 듣기에 둔하고 눈은 감았으니 이는 눈으로 보고 귀로 듣고 마음으로 깨달아 돌이켜 내게 고침을 받을까 두려워함이라 하였느니라 그러나 너희 눈은 봄으로, 너희 귀는 들음으로 복이 있도다 내가 진실로 너희에게 이르노니 많은 선지자와 의인이 너희가 보는 것들을 보고자 하여도 보지 못하였고 너희가 듣는 것들을 듣고자 하여도 듣지 못하였느니라 (마 13:10–17)

예수께서는 당신이 어떤 예언의 성취라고 말씀하십니까? 선지자 이사야가 부르심을 받을 때 들은 예언의 성취입니다. 이사야 6장에서 하나님이 말씀하십니다. "누가 우리를 위하여 갈꼬?" 이에 이사야가 "내가 여기 있나이다. 나를 보내소서"라고 하자 "그래, 가라. 그러나 네가 전한 것을 그들은 깨닫지 못할 것이다. 그들은 듣지 못하고 보지 못할 것이다. 그들이 듣고 볼까 봐 내가 겁이 난다"라고 말씀하십니다. 그렇게 이사야 선지자는 보냄을 받습니다.

그런데 백성들이 깨닫는 것을 하나님이 왜 겁내실까요? "내가 하려는 일이 너희 기대와 이해로 잘못 전해질까 봐 내가 겁이 난다. 내가 하려는 것은 이보다 크다. 그러니 가서 못 알아들을 소리를 전해라." 못 알아들을 소리의 진정한 내용은 예수 안에 있습니다. 그래서 예수가 온 것입니다. 그분이 이렇게 말씀하십니다. "너희는 못 알아듣는다. 그래서 내가 왔다. 내가 그 약속을 이루기 위하여 왔다. 내가 그 약속의, 그 믿음의, 그 목적의, 그 방법의 주인공이다. 내가 답이다."

믿음을 만드는 믿음

우리는 예수를 보았습니다. 그분을 믿게 되었습니다. 그런데 이 사실을 설명할 수는 없습니다. 예수 믿지 않는 누군가에게 말로 우리의 신앙을 이해시키며, 우리가 왜 예수를 믿게 되었는지를 설득할 수 있겠습니까? 불가능합니다. 우리가 본 것은 믿는 사람끼리만 볼 수 있습니다. 본 사람들만 아는 거죠. 말과 생각만으로는 믿음이라는 결과물이 나오지 않습니다.

그래서 예수께서 이렇게 말씀하십니다. "선지자들과 너희 조상들은 나를 보기를 소원했다. 예언이 주어질 때, 그것이 무슨 약속인지, 어떻게 하자는 것인지, 그때 그들은 알 수 없었다. 그러나 하나님이 그때도 역사에 개입하셨다. 역사에서 보다시피 이스라엘 백성들은 애굽에서도 나오고 바벨론에 팔려 가기도 하였다. 그 모든 역사의 현장에서 하나님이 목적을 이루기 위하여 그들을 붙들고 씨름하셨다. 하나님은 결코 그들을 포기하지 않으셨다." 이 역사는 우리에게도 적용됩니다.

세상 역사도 그렇습니다. 많은 역사가가 이야기합니다. "인류 역사가 멸망하지 않은 것은 기적이다. 멸망할 이유는 너무나 많았다." 누가 살려 놨을까요? 하나님이 살려 놓으셨습니다. 하나님은 말씀하십니다. "너희가 실패했다고 내 창조를 무효가 되게 놔둘 수 없다. 나는 창조자 하나님이다." 이렇게 전 인류를 향해 역사를 통해 발언하고 계십니다. 그리고 그 증거로 예수께서 역사의 한복판에 오십니다.

> 내가 복음을 부끄러워하지 아니하노니 이 복음은 모든 믿는 자에게 구원을 주시는 하나님의 능력이 됨이라 먼저는 유대인에게요 그리고 헬라인에게로다 복음에는 하나님의 의가 나타나서 믿음으로 믿음에 이르게 하나니 기록된 바 오직 의인은 믿음으로 말미암아 살리라 함과 같으니라 (롬 1:16-17)

복음은 하나님의 능력입니다. 17절에 나온 '믿음으로 말미암아 살리라'라는 말씀은 무슨 뜻일까요? 대개 우리는 믿음이 영웅적이어야만 한다고 생각합니다. 물론 믿음은 위대할수록 좋습니다. 그러나 성경이 하고자 하는 이야기는 믿음은 하나님이 시작하셔서 우리로 항복하게 하는 것입니다. 믿음은 은혜로 시작해서 책임으로 나아갑니다. 하나님은 은혜라는 방법을, 예수로 말미암은 이 증거를 택하셨습니다. 그리하여 예수가 자신을 위하여 죽지 않고 우리를 위하여 죽어 우리가 예수 믿는 사람이 되면, 예수께서 우리를 위하여 십자가를 지신 것처럼 우리도 그 자리까지 나아가 자발적으로 항복하는 자가 되기를 원하십니다.

믿음이 믿음을 만듭니다. 하나님이 도입한 재창조 곧 하나님의 개입으로 우리는 믿는 사람이 됩니다. 하나님의 목적은 우리가 예수를 따르는 사람이 되게 하는 것이지 도덕성이나 업적, 명분을 소유한 존재가 되게 하려는 것이 아닙니다. 인간이라는 존재가 가진 가치에 대한 분별과 선택과 책임을 지는 사랑, 믿음, 이런 것들은 백 퍼센트 자발성을 가지지 않는 한 성립되지 않습니다. 이해관계나 공포를 벗어난, 하나님을 향한 자유롭고 자발적인 항복이니 말입니다. 그래서 우리가 하나님의 기쁨이 되고, 하나님이 우리를 기뻐하신다는 말을 받을 수 있는 자리로 우리를 끌고 가려는 것이 역사입니다. 우리의 현실입니다. 그런 과정에서 매일 벌어지는 일상이 우리에게 "너 이 일은 어떻게 할래? 여기서는 어떤 잣대를, 어떤 판단의 기준을 적용할래?"라고 묻습니다.

하나님이 일하고 계십니다. 아담이 실패했다고 모든 것을 끝내지 않으셨습니다. 다시 일하셨습니다. 이것이 역사입니다. 우리의 현실에 예수를 보내어 우리가 겪은 하나님의 신기한 역사를 맛보게 하셨습니다. 이것이 믿음의 역사입니다. 그리고 마침내 어디로 가자고 하십니까? 가나안에 들어가자고 하십니다. 가나안은 어디일까요? 하나님의 영광의 찬송이 되는 자리입니다. 그러니 이제 무얼 해야 합니까? 매일 겪어 보아야 합니다. 우리가 속상해하는 '하나님, 나한테 왜 이러십니까?'가 일을 합니다. 그러니 이것을 깨달으십시오. 잘되지 않아도 생각이라도 그렇게 해 보십시오. 그렇게 하루를 이해하면, 우리는 후회와 절망으로 가는 것이 아니라 매일 더 나은 데로 발전할 것입니다. 누구를 부러워할 필요 없는 인생임을 기억하는 복된 신자가 되기를 바랍니다.

질문하기

1.

하나님이 우리를 우리가 자초한 멸망의 운명대로 내버려 두지 않으시기 위해 '보상의 원리'를 넘어선, 특별한 방법으로서 도입하신 것을 무엇이라고 합니까?

2.

하나님이 우리를 위하여 인류와 역사에 개입하신다는 것을 우리는 무엇을 통하여 경험합니까?

3.

'오직 의인은 믿음으로 말미암아 살리라'(롬 1:17)라는 말씀에 담긴 의미는 무엇입니까?

나누기

최근에 '하나님이 나한테 왜 이러실까?'라는 생각이 들었던 일화가 있다면 함께 나누어 봅시다.

그들의 하나님이라
일컬음 받으심을
부끄러워 아니하시고

13 이 사람들은 다 믿음을 따라 죽었으며 약속을 받지 못하였으되 그것
들을 멀리서 보고 환영하며 또 땅에서는 외국인과 나그네임을 증언하였으
니 **14** 그들이 이같이 말하는 것은 자기들이 본향 찾는 자임을 나타냄이
라 **15** 그들이 나온 바 본향을 생각하였더라면 돌아갈 기회가 있었으려니
와 **16** 그들이 이제는 더 나은 본향을 사모하니 곧 하늘에 있는 것이라 이
러므로 하나님이 그들의 하나님이라 일컬음 받으심을 부끄러워하지 아니
하시고 그들을 위하여 한 성을 예비하셨느니라 **17** 아브라함은 시험을 받
을 때에 믿음으로 이삭을 드렸으니 그는 약속들을 받은 자로되 그 외아들
을 드렸느니라 **18** 그에게 이미 말씀하시기를 네 자손이라 칭할 자는 이
삭으로 말미암으리라 하셨으니 **19** 그가 하나님이 능히 이삭을 죽은 자
가운데서 다시 살리실 줄로 생각한지라 비유컨대 그를 죽은 자 가운데서
도로 받은 것이니라 **20** 믿음으로 이삭은 장차 있을 일에 대하여 야곱과
에서에게 축복하였으며 **21** 믿음으로 야곱은 죽을 때에 요셉의 각 아들에
게 축복하고 그 지팡이 머리에 의지하여 경배하였으며 **22** 믿음으로 요셉
은 임종시에 이스라엘 자손들이 떠날 것을 말하고 또 자기 뼈를 위하여
명하였으며 **23** 믿음으로 모세가 났을 때에 그 부모가 아름다운 아이임

04

을 보고 석 달 동안 숨겨 왕의 명령을 무서워하지 아니하였으며 **24** 믿음
으로 모세는 장성하여 바로의 공주의 아들이라 칭함 받기를 거절하고
25 도리어 하나님의 백성과 함께 고난 받기를 잠시 죄악의 낙을 누리는
것보다 더 좋아하고 **26** 그리스도를 위하여 받는 수모를 애굽의 모든 보
화보다 더 큰 재물로 여겼으니 이는 상 주심을 바라봄이라 **27** 믿음으로
애굽을 떠나 왕의 노함을 무서워하지 아니하고 곧 보이지 아니하는 자를
보는 것 같이 하여 참았으며 **28** 믿음으로 유월절과 피 뿌리는 예식을 정
하였으니 이는 장자를 멸하는 자로 그들을 건드리지 않게 하려 한 것이
며 **29** 믿음으로 그들은 홍해를 육지 같이 건넜으나 애굽 사람들은 이것
을 시험하다가 빠져 죽었으며 **30** 믿음으로 칠 일 동안 여리고를 도니 성
이 무너졌으며 **31** 믿음으로 기생 라합은 정탐꾼을 평안히 영접하였으므
로 순종하지 아니한 자와 함께 멸망하지 아니하였도다 (히 11:13-31)

아브라함과 모세를 붙든 믿음

믿음을 설명하는 히브리서 11장은 이렇게 시작합니다. '타락한 아담이 사망과 멸망을 끌어들여 자초한 비극을 하나님이 외면하거나 그대로 놓아두지 않고 개입하셔서 어떻게 해서든지 당신의 창조를 완성하려고 하신다.' 이런 증거를 아벨의 제사에서, 에녹과의 동행에서, 노아의 방주에서 발견합니다. 성경이 이들을 들어 믿음을 언급하면서 내내 희망을 이야기합니다. 어딘가에 출구를 열어 놓고 있는 것입니다. 이제 그 증거가 구체적으로 어떻게 나타나는지 아브라함에게서 발견하고자 합니다.

믿음이 무엇인가를 설명하기 위해 성경은 아브라함의 생애를 언급하여 '아브라함을 봐라'라고 이야기합니다. 그런데 아브라함이 가지고 있던 근거가 열매를 맺은 것도 아니요, 그가 가졌던 기대가 보상을 받은 것도 아닙니다. 이 부분이 우리로서는 막막하기 짝이 없습니다.

이처럼 성경은 아브라함이 얼마나 좋은 믿음을 가졌는가를 말하려는 것이 아닙니다. 아브라함의 생애가 자기 실력이 아닌, 세속적 이해를 벗어나 있는 하나님의 창조와 부활이라는 능력에 붙들려 있다, 그래서 결국 그는 '믿음의 조상'이라는 지위를 얻었다, 이렇게 된 것입니다.

아브라함을 창조와 부활의 인생을 산 사람이라고 소개해 놓고, 그다음 제일 많이 거론하여 설명한 인물이 바로 모세입니다. 본문 말씀에 모세가 이렇게 많이 등장하는 이유는 무엇일까요? 모세의 인생은, 자기 자신에게 원인이 없는 잘못된 결과가 발생했으나 그것으로 끝이 아닌, 오히려 더 큰 반전이 기다리고 있는 생애임을 분명히 보여 주기 때문입니다.

모세는 히브리 백성들이 애굽에서 노예 생활을 하던 시기에 태어났습니다. 당시 히브리인들이 번성할까 두려워했던 애굽의 통치자는 히브리인이 사내아이를 낳으면 죽이라고 명령하였는데, 이런 상황에서 모세가 사내로 태어난 것입니다. 히브리서 11장에서는 '그 부모가 아름다운 아이임을 보고 석 달 동안 숨겨'라고 멋지게 표현했지만, 이런 서술은 좋은 결과를 알고 있는 자리에서 과거를 조명하는 평가이고, 제대로 읽으면 애를 썼는데도 석 달밖에 못 버텼다는 뜻입니다. 석 달 만에 아이를 내버려야 했다는 말입니다. 그런데 이 아이를 누가 구합니까? 바로의 공주가 아이를 발견하여 데려다 키웁니다. 당시 법대로 하면, 모세는 히브리인의 아이로 드러난 바로 그 자리에서 죽임을 당했어야 마땅합니다. 그런데 뜻밖에도 바로의 공주가 아이를 데려와 기르죠. 기가 막힌 일입니다.

바로의 궁전으로 들어가게 된 모세는 신변의 보호를 받으며 장래가 촉망되는 애굽의 주요 인물로 성장합니다. 모세는 자라면서 자기가 히브리 백성이라는 사실을 알게 되었고, 자기 민족을 구할 생각을 합니다. 어느 날 모세는 애굽 관원이 히브리인을 압제하는 모습을 보고는 의협심에 그를 쳐 죽입니다. 다음 날 밖에 나가 봤더니 이번에는 히브리 동족끼리 싸우는 걸 봅니다. 모세가 그들을 보며 말리죠. 그런데 그들이 "어제 애굽 관원을 죽인 것 같이 우리도 죽이려느냐. 우리가 언제 너보고 개입해 달라고 했느냐?"라고 따집니다. 자신의 행위가 탄로 난 것을 알게 된 모세는 도망칩니다. 그런데 이 장면이 히브리서 11장에서는 멋지게 표현되어 있습니다.

> 믿음으로 모세는 장성하여 바로의 공주의 아들이라 칭함 받기를 거절하고 도리어 하나님의 백성과 함께 고난 받기를 잠시 죄악의 낙을 누리는 것보다 더 좋아하고 그리스도를 위하여 받는 수모를 애굽의 모든 보화보다 더 큰 재물로 여겼으니 이는 상 주심을 바라봄이라 믿음으로 애굽을 떠나 왕의 노함을 무서워하지 아니하고 곧 보이지 아니하는 자를 보는 것 같이 하여 참았으며 (히 11:24–27)

마치 모세는 믿음에서 우러난 영웅적인 행동을 한 것처럼 기록되어 있지만, 실제 일어난 역사는 그렇지 않습니다. 모세는 달리 대책이 없었습니다. 미디안 광야로 도망친 모세는 결혼하여 자녀를 낳습니다. 첫째 아들의 이름을 '게르솜'이라고 지었는데, 이는 '이방 나그네'라는 뜻입니다. 자식의 이름을 그렇게 지은 모세의 심경은 어떤 것이었을까요? '이제 난 끝났다. 난 여기서 이렇게 죽는다' 하는 마음이었을 것입니다. 그런데 히브리서에서는 왜 이렇게 긍정적으로 표현했을까요? 사람이 보기에는 비극이고 절망이고 더는 낙이 없다고 생각되는 모든 것으로도 하나님은 최선의 결과와 복을 만드셨다고 증언하는 중이기 때문입니다.

우리를 붙들고 있는 믿음

여기서 믿음의 의미를 다시 새겨볼 필요가 있습니다. 믿음이란, 하나님이 인류가 자초한 실패와 절망을 뒤집기로 작정하여 새롭게 도입하신 은혜의 방편입니다. 당시 모세는 아무것도 모르고 어떻게 해야 할지도 모르고 그래서 무엇을 구해야 할지도 모른 채 버려진 상태였습니다. 그런 모세에게 하나님이 개입하셔서 그를 민족의 지도자로 세워 당신의 뜻을 이루셨습니다. 인류의 운명을 바꾸시는 일에 중요한 역할을 맡기신 것입니다. 이것이 믿음입니다. 28절부터 봅시다.

> 믿음으로 유월절과 피 뿌리는 예식을 정하였으니 이는 장자를 멸하는 자로 그들을 건드리지 않게 하려 한 것이며 믿음으로 그들은 홍해를 육지 같이 건넜으나 애굽 사람들은 이것을 시

험하다가 빠져 죽었으며 믿음으로 칠 일 동안 여리고를 도니 성이 무너졌으며 (히 11:28-30)

장자를 죽이는 열 번째 재앙, 건널 수 없는 홍해, 넘을 수 없는 성, 이런 예들은 왜 등장했을까요? 이 모든 재앙 속에서 다만 한 가지 행동 즉 문설주에 어린 양의 피를 바른 일만으로 살아납니다. 굉장하지 않습니까? 핵폭탄이 터졌는데, 손가락에 침 한 번 묻혀 불에 대어 살아났다고 하는 것과 마찬가지입니다.

그런데도 이스라엘 백성은 가로막힌 홍해 앞에서 뭐라고 원망합니까? "그러게 왜 끌고 나왔냐? 그냥 거기서 죽게 놔두지. 하필 여기까지 끌고 와 실컷 고생시킨 다음 홍해에 빠트려 죽이겠단 말이냐?"라고 불평합니다. 그러나 하나님은 그러한 불평을 뚫고 들어와 그들의 절망과 비명이 찬송이 되게 하셨습니다. "우리는 도저히 그 땅에 못 들어가겠습니다. 거기 사는 아낙 자손이 얼마나 장대한지, 그들 앞에서 우리는 한낱 메뚜기 같습니다"라는 절망과 자폭까지 물리치셨습니다.

이스라엘 백성이 가나안에 들어가서는 어땠을까요? 여리고 성을 무너뜨렸으나 그들이 잘해서 그렇게 무너진 것이 아닙니다. 그들은 그저 일곱 바퀴를 돌았을 뿐입니다. 그러자 여리고 성이 홀로 무너진 것입니다. 이 모든 것이 믿음이라는 말 속에 들어 있는, 하나님이 인류를 향하여 가지신 적극적인 긍휼과 자비와 열심입니다.

우리 모두는 자신에게 믿음의 근거가 없고 기대가 꺾인 가운데에서 죽어나는 현실 때문에 괴로워합니다. '난 뭔가. 이게 뭔가' 하는 한숨에는 '왜 내 믿음은 이것밖에 안 될까?'라는 한탄이 들어 있습니다. 그렇지 않습니다. 충분히 있습니다. 우리에게 믿음이 충분히 있다는 말은, 믿음을 우리가 생산해 내는 것이 아니라는 의미입니다. 우리가 믿음을 붙잡고 있는 것이 아니라 믿음이 우리를 붙잡고 있습니다. 하나님이 우리를 붙잡고 계십니다. 그래서 아무것도 아니라고 생각하는 '지금'이 일을 합니다. 우리가 볼 때는 답답하지만 말입니다.

그런데 결과가 빨리빨리 나타나면, 문맥이 사라집니다. 문맥이 사라지면, 내용이 담기지 않습니다. 문맥이 단단하고 넓어야 보화든, 복이든, 자랑이든, 명예든 담아서 자기 것으로 삼을 수 있습니다. 하나님은 우리 인생 내내 우리라는 컨텍스트를 단단하게 만드십니다. 심지어 '그땐 그랬지. 그때 그러지 말았어야 했는데. 이번에 돌아가면 잘할 거야' 같은 후회를 가지고도 일하십니다. 날줄과 씨줄로 옷감을 만들듯이, 무엇을 담아도 괜찮도록 크고 넓고 깊은 그릇을 우리 안에 만드십니다. 그런 후에 누르고 넘치도록 하나님의 영광과 자랑을 채우십니다.

기적과 영광의 과정

11장 마지막에 이르면 라합이 등장하는데, 라합의 이야기는 우리에게 희망을 줍니다. 31절을 봅시다.

믿음으로 기생 라합은 정탐꾼을 평안히 영접하였으므로 순종

하지 아니한 자와 함께 멸망하지 아니하였도다 (히 11:31)

라합은 어떻게 정탐꾼을 영접할 수 있었을까요? 믿음이 얼마나 훌륭했기에 그런 행동을 할 수 있었을까요? 무슨 안목이 있었기에 그들을 알아보았을까요? 라합에게 대단한 안목이나 비상한 믿음이 있어서가 아닙니다. 라합은 그저 직업상 밤새 영업을 해 왔을 것이고, 그녀의 집 말고는 문을 연 곳이 없어서 정탐꾼들이 거기로 숨어들었을 것입니다. 그는 정탐꾼들을 살려 주려고 했다기보다, 손님을 받았을 뿐입니다.

그런 라합이 장차 어떻게 됩니까? 다윗의 선조가 됩니다. 환장할 일입니다. 우리에게 이것만은 없었으면 좋겠다고 생각하는 것이 의외의 일을 하는 정도가 아니라 가장 큰 영광을 만들어 냅니다. 믿음은 그런 것입니다. 우리가 후회하고 분노하며 "하나님, 나한테 왜 이러세요?"라고 지른 비명이 다 찬송으로 바뀔 것입니다. 그것이 십자가입니다. 언제 우리가 십자가를 필요로 했으며, 언제 우리가 죄를 용서해 달라고 먼저 간구한 적이 있습니까? 하나님은 우리에게 죄 없다고 하시는 것에서 더 나아가 우리를 영광으로 부르고 계십니다. 한 영혼도 놓치지 않고 이 일을 하고 계십니다. 이것이 인류 역사입니다. 그러니 우리가 자주 되뇌는 '나는 아닐 거야'라는 생각을 깨기 위해서 이런 말씀을 기억할 필요가 있습니다. 시편 39편입니다.

여호와여 나의 기도를 들으시며 나의 부르짖음에 귀를 기울이소서 내가 눈물 흘릴 때에 잠잠하지 마옵소서 나는 주와 함께

있는 나그네이며 나의 모든 조상들처럼 떠도나이다 (시 39:12)

시인은 자신을 '주와 함께 있는 나그네'라고 표현하였습니다. 자신을 아무것도 아닌 존재, 하나님에게서 멀리 떨어진 존재처럼 여겼던 것입니다. 주와 함께 있어도 시원하지 않습니다. 하나님이 일하시는 중이라서 그렇습니다. 결과가 아직 안 나와서 그렇습니다.

우리 인생이 그렇습니다. 태어나면서부터 어느 한순간도 하나님이 우리를 외면하신 시간은 없습니다. 가장 비극적이고 가장 아닌 것 같은 일과 가장 지극한 복이 한자리에 공존합니다. 가장 대표적인 사건이 '마리아의 예수 잉태 사건'입니다. 처녀가 아이를 뱄습니다. 있을 수 없는 일입니다. 그런데 그 애가 메시아입니다. 그러니 마리아 자신에게 그 일은 얼마나 말이 안 되었겠습니까? 그녀는 모든 수치와 오해를 감수해야만 했습니다. "내가 안 그랬어요." 그런데 배 속에 아이가 있습니다. 내가 안 만들었는데 애가 있으면 그 아이는 누구의 아이입니까? 도대체 이 아이는 누구의 아이입니까? 그 아이는 마리아가 낳았지만, 마리아가 만든 아이가 아닙니다. 가장 큰 수치와 가장 큰 영광이 마리아의 배 속에 있습니다. 십자가의 고난이 그 영광과 함께 있습니다.

우리도 그렇습니다. 나중에 낳아 보면 알게 됩니다. 배 속에 품고 있는 동안은 창피하고 이게 뭔가 싶습니다. 예수보다 육개월 먼저 세례 요한을 잉태한 엘리사벳이 마리아의 방문을 받자 이렇게 말합니다. "여인 중에 네가 복이 있도다." 굉장합니다. 우리 모두의 현실, 지금의 조건과 정황이 기적과 영광의 과정입니다. 이것이 기독교입니다. 안 믿어져도 할 수 없습니다. '아하, 이 일은 이래서 그랬던 거구나'라고 깨닫게 되는 날, 함께 모여 그 기적과 영광을 나눠 주기 바랍니다.

질문하기

1.

성경이 아벨, 에녹, 노아를 들어 믿음을 언급하면서, 믿음과 더불어 내내 이야기하는 것은 무엇입니까?

2.

미디안 광야로 도망친 모세의 행위에 대해서 히브리서가 긍정적으로 표현(히 11:24-27)하는 이유는 무엇입니까?

3.

가장 비극적이고 가장 아닌 것 같은 일과 가장 지극한 복이 한자리에 공존하는 대표적 사건은 무엇입니까?

나누기

주와 함께 있어도 시원치 않은 이 시간을 하나님이 일하시는 중이라는 사실을 기억하며 잘 견뎌 내도록 함께 기도합시다.

믿음으로 말미암아 증거를 받았으나

32 내가 무슨 말을 더 하리요 기드온, 바락, 삼손, 입다, 다윗 및 사무엘
과 선지자들의 일을 말하려면 내게 시간이 부족하리로다 33 그들은 믿
음으로 나라들을 이기기도 하며 의를 행하기도 하며 약속을 받기도 하며
사자들의 입을 막기도 하며 34 불의 세력을 멸하기도 하며 칼날을 피
하기도 하며 연약한 가운데서 강하게 되기도 하며 전쟁에 용감하게 되
어 이방 사람들의 진을 물리치기도 하며 35 여자들은 자기의 죽은 자들
을 부활로 받아들이기도 하며 또 어떤 이들은 더 좋은 부활을 얻고자 하
여 심한 고문을 받되 구차히 풀려나기를 원하지 아니하였으며 36 또 어
떤 이들은 조롱과 채찍질뿐 아니라 결박과 옥에 갇히는 시련도 받았으며
37 돌로 치는 것과 톱으로 켜는 것과 시험과 칼로 죽임을 당하고 양과
염소의 가죽을 입고 유리하여 궁핍과 환난과 학대를 받았으니 38 (이런
사람은 세상이 감당하지 못하느니라) 그들이 광야와 산과 동굴과 토굴에
유리하였느니라 39 이 사람들은 다 믿음으로 말미암아 증거를 받았으나
약속된 것을 받지 못하였으니 40 이는 하나님이 우리를 위하여 더 좋은

05

것을 예비하셨은즉 우리가 아니면 그들로 온전함을 이루지 못하게 하려 하심이라 (히 11:32-40)

조건이나 자격이 아닌 믿음

본문 말씀에 열거된 사람들은 그리 대단한 사람들이 아닙니다. 그래도 다윗과 사무엘은 위인이지 않은가 하는 생각이 들 수 있지만, 그렇지 않습니다. 다윗은 씻을 수 없는 죄를 용서받은 은혜의 주인공으로 등장하였고, 사무엘은 원래 태어날 수 없는 아이인데 한나가 기도하여 얻었을 뿐, 사무엘 자신에게 위대한 점은 없습니다. 기드온이나 바락이나 입다 역시 사사기에서 보았듯 다 부족한 사람들입니다.

히브리서 11장은 믿음이라는 것이 우리가 기대하는 바와 다르고 용도가 다르며 평가가 다르다는 이야기를 하고 싶어 합니다. 믿음에는 은혜와 책임이 함께 맞물려 있는데, 믿음의 근거와 시작은 은혜이고 믿음의 목적과 내용은 책임입니다.

우리는 기독교가 은혜와 사랑과 믿음의 종교라고 이야기하지만, 세상이 정의하는 방식으로 믿음을 이해하고 있을 뿐입니다. '예수를 믿으면 구원을 얻는다'라는 말에서 가장 중요한 단어가 무엇이냐고 물으면 '예수'라고 대답할 줄은 압니다. 예수, 믿음, 구원 중 예수가 가장 중요하다고 말하면서도 결국 자신의 신앙을 돌아볼 때는 매사에 믿음이 등장합니다. "난 믿음이 없어. 내 믿음은 연약해." 이렇게 믿음을 조건이나 자격으로 잘못 적용합니다.

예수는 조건과 자격을 깨려고 들어오셨는데, 우리는 끊임없이 은혜를 다시 조건과 자격으로 만들어 버립니다. 그런 우리에게 히브리서 11장은 성경이 믿음에 대해 하고 싶은 이야기 즉 '믿음이란 도대체 무엇인가? 믿음은 어떻게 우리 것이 되는가?'를 확실히 정의해 주고 있습니다.

인류가 하나님 앞에서 책임 있는 선택에 실패하는 바람에 하나님이 새롭게 도입한 방법이 믿음입니다. 이는 기적이며, 은혜입니다. 하나님을 선택하지 않고 죄를 선택하여 실패한 필멸의 존재들을 하나님이 구원하기 위하여 새롭게 도입하신 방법이 믿음입니다. 그래서 믿음은 부활이자 구원이며 재창조라고 이야기할 수 있습니다. 부활과 구원과 재창조가 믿음이라는 단어 속에 다 들어 있는 것입니다.

믿음이란, 그릇된 선택을 하여 멸망할 수밖에 없는 우리를 하나님이 용서하시고 구원하신 방법을 일컫는데, 구원의 가장 중요한 내용은 우리가 아담처럼 '하나님을 외면하는 것'을 선택하지 않고, '하나님을 즐거워하는 것'을 선택하게 된 것이라고 할 수 있습니다. 이것이 믿음이라는 단어 속에 들어 있는 하나님의 수단과 방법이며, 재창조에서 가장 중요한 초점입니다.

그렇다면 믿음을 논하는 히브리서 11장의 끝부분에 기드온, 바락, 삼손, 입다, 다윗, 사무엘과 같은 인물들은 왜 등장했을까요? 믿음 장을 처음 시작할 때에 노아, 아벨, 에녹을 언급한 이유와 같습니다. 아브라함이 등장하기 전에 이미 하나님은 아벨에게 나타나셨고, 에녹에게 나타나셨고, 노아에게도 나타나셨습니다. 하나님이 당신을 배반하고 사망의 운명을 자초한 인류를 외면하지 않으시고 이들의 인생과 역사에 개입해 오셨음을 이들의 이름을 열거하여 이야기하기 위해서입니다.

사사 시대에 이스라엘이 하나님을 외면하고 파멸의 길로 갈 때 하나님은 그들을 그냥 놔두지 않고 개입하여 구원하셨다, 왕정 시대에 사무엘을 통해 다윗을 왕으로 세우신 것도 하나님이 인류라는 존재와 운명과 역사에 대하여 절대 포기하지 않으시고 창조의 목적을 이루기 위하여 여전히 개입하고 계심을 보이기 위해서입니다. 그리고 이제 예수까지 보내셨습니다. 하나님은 인간을 창조하실 때 가지셨던 원래 목적 즉 우리가 기꺼이 하나님을 즐거워하여 선택하고, 하나님에게 기꺼이 순종하며 책임 있는 피조물로 살도록 우리에게 개입하고 일하시는 분이심을 예수로 증언하신 것입니다.

더 나아가라

인류 역사는 왜 아직까지 멸망하지 않고 이어져 왔을까요? 하나님이 지키고 계셨기 때문입니다. 그렇다면 빨리 답을 내리시지 왜 이렇게 질질 끌고 계실까요? 하나도 버리지 않으시고 다 구원하시기 위해서입니다. 그러기 위해서는 역사가 길어야 합니다. 소설이 길어야죠. 절정에 이르려면 곡절이 있어야 할 것 아닙니까. 주인공은 어디서 태어났고, 유년 시절을 어떻게 보냈으며, 부모는 누구이고, 그가 사는 동네는 어떤 곳이고, 어떤 시대에 살았는지가 죽 이어져야 합니다. 그래야 본문을 담을 수 있습니다. 그렇지 않으면 스토리가 없고, 명분만 돌아다니게 됩니다. 스토리가 없으면 전후가 없고, 전후가 없으면 곡절이 없고, 곡절이 없으면 절정이 없습니다. 이 절정이라는 것을 이해하고 우리 자신의 것이 되도록, 하나님이 우리에게 역사를, 경우를, 육체를, 고민을, 갈등을, 도전을 허락하십니다.

아무런 갈등 없이 정답만 내놓는 것을 '비정하다. 무정하다'라고 합니다. 그러면서도 우리는 객관성을 갖추고 사심이 없는 행동을 최고로 치는 경향이 있습니다. 아마도 죄가 엄청난 역할을 하는 큰 세력이라는 사실을 알고 있어서 그런 것 같습니다. 그러나 사심이 없다는 것은 가장 소극적이고 부정적인 덕목일 뿐입니다. 성경은 더 해 보고 더 나아가라고 합니다. 부활이 있기 때문입니다. "괜찮다. 해 봐라. 해 보고 넘어지면, 실패를 통해 배워라. 실패가 너희로 손해 보게 하지 않을 것이다." 그렇게 이야기합니다.

히브리서 11장에는 '믿음으로 나라들을 이기기도 하며 의를 행하기도 하며 약속을 받기도 하며 사자들의 입을 막기도 하며 불의 세력을 멸하기도 하며 칼날을 피하기도 하며 연약한 가운데서 강하게 되기도 하며 전쟁에 용감하게 되어 이방 사람들의 진을 물리치기도 하며'(히 11: 33-34)라고 나와 있습니다. 여기에는 믿음으로 기적을 일으키기도 하고, 믿음을 가졌으나 핍박을 받아 죽기도 하고, 억울해하기도 하고, 망하기도 한 믿음의 선조들이 겪었던 일들이 열거되어 있습니다.

이는 마치 예수의 생애와 똑같습니다. 무한하신 예수께서 유한한 인간의 몸으로 오셨습니다. 말로 표현할 수 없이 놀라운 일입니다. 그는 오셔서 가난한 자와 죄인의 친구로 사셨고, 그 시대와 사회 속에서 아무런 지위 없이 지냈습니다. 많은 기적을 이루었지만, 그런 기적이 십자가의 길을 막지는 못했습니다. 그는 십자가를 져야 했는데, 이는 가장 큰 치욕이자 고통이었습니다. 그렇게 그는 죽어 버리고 마는 일을 해야 했습니다. 세상의 기준에서 보자면 아무것도 아닌 것이 되고 말았습니다. 그러나 거기에 하나님은 부활을 담으셨습니다. 무덤에다 영광을 담으신 것입니다.

성경이 하고 싶은 이야기는 이것입니다. 이 영광을 어디에나 담을 수 있다고 합니다. 우리가 살아 내는 오늘에 하나님이 기적을 담을 수 있고 죽음에도 영광을 담을 수 있다는 걸 기억하십시오. 그러니 과거에 묶여 있지 마십시오. '어제 못나게 굴었는데, 오늘은 어떻게 잘난 척을 해?'와 같은 못난 말에 붙잡히지 말고 어제와 다른 사람이 되십시오. "너 어제는 와서 지랄을 떨더니 오늘은 웬일이야? 웬 그럴듯한 낯짝을 하고 왔어?"라는 말을 듣더라도 "음, 이런 걸 기적이라고 하지" 하고 웃으며 넘기십시오. 우리만이 할 수 있습니다. 왜 사소하고 이상한 데서 연속

성을 고집합니까? '어제 그랬는데, 오늘 뭘 유난을 떨겠어?'라는 생각이 드십니까? 아닙니다. 유난을 떨어야 합니다. 왜 그럴까요? 우리만이 할 수 있는 특권이기 때문입니다. 세상은 할 수 없는 일입니다.

끝나지 않은 드라마

이제 어디로 가라고 합니까? 38절부터 봅시다.

> (이런 사람은 세상이 감당하지 못하느니라) 그들이 광야와 산과 동굴과 토굴에 유리하였느니라 이 사람들은 다 믿음으로 말미암아 증거를 받았으나 약속된 것을 받지 못하였으니 (히 11:38-39)

이 구절은 무슨 뜻일까요? 아직 드라마가 끝나지 않았다, 그들은 증거를 갖고 있으나 아직 결과를 보지 못했다, 이런 의미입니다. 그들의 배역이 끝났을 때도 드라마는 계속되고 있어서 그들이 증거를 가졌지만 결과를 보지 못했습니다. 그 뒤를 우리가 잇고 있습니다. 40절입니다.

> 이는 하나님이 우리를 위하여 더 좋은 것을 예비하셨은즉 우리가 아니면 그들로 온전함을 이루지 못하게 하려 하심이라 (히 11:40)

드라마는 끝이 좋아야 전부 좋습니다. 결말이 좋으면 앞에서 고

생한 것도 복이고, 바보같이 굴었던 일도 복입니다. 반대로 끝이 안 좋으면, 앞에서 아무리 잘했어도 망하는 것입니다. 그런데 성경에 열거된 믿음의 선조들의 뒷이야기는 오늘을 사는 자들, 바로 우리에게 달려 있습니다.

히브리서에서 출애굽 사건을 언급한 대목을 보면, 이스라엘 백성이 가장 크게 책망받은 대목이 어디입니까? 그들이 애굽을 빠져나와 광야로 나왔는데 가나안에는 안 들어가고 애굽으로 다시 돌아가자고 할 때입니다. 주님의 책망은 이런 의미입니다. "내가 이스라엘을 애굽에서 꺼내 주었는데 그들이 다시 돌아가자고 그랬다. 이것이 가장 못난 짓이다. 그건 안 된다. 그래서 그들은 광야에서 다 죽었다. 조상들의 불신앙을 보아 온 너희에게 권면한다. 너희는 가나안에 들어가라. 들어가서 너희에게 준 특권을 마음껏 누려라. 너희에게는 책임이고 짐으로 여겨지겠지만 그것이 명예다. 너희가 살아온 과거를 다 승리로 만드는 오늘을 가지고 있다. 그것이 너희의 책임이고 권리다."

톰 라이트(Nicholas Thomas Wright)는 《히브리서 주석》에서 이렇게 이야기합니다. '이런저런 감정을 짜내려 하지 말고, 스스로 마음속에 진리를 떠올려 순종하고 인내해라.' 실컷 울어 자기 속을 시원하게 하려 애쓰지 말고, 눈물을 닦으면서 갈 길을 가십시오. 이런저런 감정을 쥐어짜 내려 하지 마십시오. 십자가 밑에 가서 울지만 말고 생각하십시오. '그래. 여기가 출발점이었지. 하나님이 당신의 아들을 십자가에 매달아 죽음을 뒤집으셨다. 그러니 이제 나는 과거로 돌아갈 수 없다. 이미 시작한 길이다. 앞으로 나아가는 일만 남았다. 그러니 오늘을 잘 살자.' 그렇게 다짐하십시오.

성경이 하는 이야기를 잘 생각해 보기 바랍니다. '죄에 종노릇 하지 말고 하나님에게 순종하라. 육체의 일을 좇지 말고 성령의 열매를 맺어라. 악에게 지지 말고 선으로 악을 이겨라. 지혜와 분별을 동원하여 성령 충만하게 살아라.' 이런 명령들은 우리에게 짐이 아닙니다. 명분이나 규칙으로 요구되는 것이 아닙니다. '너 훌륭해져라. 아무것도 걱정하지 말고 다만 훌륭해져라. 이는 인간이 누릴 수 있는 특권이다. 음악도 듣고, 미술도 감상하고, 건강하고 충만해져라. 좋은 나무가 되어 늘 풍성한 열매를 맺어라.' 이것이 어떻게 짐이고, 강요겠습니까? 얼마나 감사한 요구입니까? 만들어서 달라는 것이 아닙니다. 우리에게 그런 존재가 되라는 것입니다.

이런 성경의 요구는 이 시대를 사는 현대인으로서, 오늘이라는 일상을 살아가는 한 명의 실존으로서, 우리의 자리가 기독교 신앙을 실천해 보는 기회이자 명예로운 책임을 지는 자리임을 이해해야만 감당할 수 있습니다. 오늘이라는 하루는 우리만이 제대로 살아 볼 수 있고, 우리만이 누릴 수 있는 특별하고 위대하고 명예로운 것임을 놓치지 마십시오. 그 영광을 기억하여 우리의 하루하루가 참 기쁨과 감사로 채워지는 시간이 되기 바랍니다.

질문하기

1.

"난 믿음이 없어. 내 믿음은 연약해"와 같은 말 속에서 우리가 믿음을 어떤 것으로 잘못 적용하고 있다는 것을 알 수 있습니까?

2.

인류 역사가 아직 멸망하지 않고 이어져 온 이유는 무엇입니까?

3.

성경에 열거된 믿음의 선조들의 뒷이야기는 누구에게 달려 있습니까?

나누기

오늘을 신앙의 선조들이 기대한 멋진 하루로 채우기 위해 우리가 할 수 있는 일은 무엇인지 함께 나누어 봅시다.

구름 같이 둘러싼 허다한 증인들이 있으니

1 이러므로 우리에게 구름 같이 둘러싼 허다한 증인들이 있으니 모든 무
거운 것과 얽매이기 쉬운 죄를 벗어 버리고 인내로써 우리 앞에 당한 경
주를 하며 **2** 믿음의 주요 또 온전하게 하시는 이인 예수를 바라보자 그
는 그 앞에 있는 기쁨을 위하여 십자가를 참으사 부끄러움을 개의치 아니
하시더니 하나님 보좌 우편에 앉으셨느니라 **3** 너희가 피곤하여 낙심하지
않기 위하여 죄인들이 이같이 자기에게 거역한 일을 참으신 이를 생각하
라 **4** 너희가 죄와 싸우되 아직 피흘리기까지는 대항하지 아니하고 **5** 또
아들들에게 권하는 것 같이 너희에게 권면하신 말씀도 잊었도다 일렀으
되 내 아들아 주의 징계하심을 경히 여기지 말며 그에게 꾸지람을 받을
때에 낙심하지 말라 (히 12:1-5)

06

체념이 아닌 책임

히브리서 12장 1절의 '구름 같이 둘러싼 허다한 증인들'이란, 바로 앞 장인 11장에 나온 믿음의 사람들을 가리킵니다. 이 구절을 별생각 없이 읽으면 '우리도 저 위인들처럼 믿음을 지켜 훌륭한 신자가 되자'라는 교훈적인 결론을 내리게 됩니다.

그런데 11장에 나오듯 믿음에 대한 중요한 증거는 우리의 범죄와 실패에도 불구하고 하나님이 당신께서 창조한 세계와 인류를 포기하지 않으셨다는 사실에 있습니다. 실패한 인류를 하나님이 원래 창조하신 목적으로 회복하시고 마침내 그들로 승리하게 하겠다고 작정하신 것이 성경이 말하는 인류 역사입니다. 아벨에게서나 에녹에게서나 또한 노아에게서나 믿음이 무엇인지 그들이 아직 모르는 때에도 하나님은 당신의 은혜와 구원의 손길을 세상에 펼치셨습니다. 그리고 마침내 아브라함에게 오자 믿음을 본격적으로 이야기하기 시작합니다.

아브라함은 믿음의 조상으로 부름을 받습니다. 그런데 여기서 말하는 '믿음'은 우리가 생각하는 손쉬운 방법론이 아니었습니다. 믿음이란 무엇일까요? 믿음에 대해 제가 이렇게 정리해 보았습니다. '믿음은 은혜로 시작해서 책임을 목적하여 나아가는 것이다.' 하나님이 하시는 일과 그 목적하심 속에는 우리의 자발적이고 자율적인 반응을 목표하고 있기에 믿음은 은혜이면서 동시에 책임입니다.

이처럼 믿음은 은혜를 전제하여 책임이라는 결과로 열매 맺히는 것입니다. 그런데 신자 대부분은 신앙생활이 가지는 시작과 결과 사이의 모호함을 견디지 못해 체념하고 맙니다. 체념은 '은혜가 목적하는 책임을 다하도록 하나님이 우리를 어떻게 이끄시는가'를 오해하는 데서 옵니다.

하나님 없이 사는 사람들은 나이가 들면 다 체념하며 살 수밖에 없습니다. 체념을 잘하면 그냥 허허로워지는 것이고, 좀 더 적극적으로 살려고 하면 분노가 나옵니다. 이것이 인생입니다. 그러나 신자들은 그럴 수 없습니다. 허허롭게 슬쩍 외면할 수도, 무조건 분노하고 볼 수도 없습니다. 결국, 우리는 명예로워지고 영광의 자리에 이르게 될 것입니다. 이것을 깨달으려면 본문이 말하는 '우리에게 구름 같이 둘러싼 허다한 증인들'에 대한 이해가 있어야 합니다.

사실 신앙생활에서는 체념이 제일 무섭습니다. 인생에서 고난의 과정을 겪을 수밖에 없다는 정황을 바르게 이해하지 못하면 우리는 숨을 수밖에 없고, 그저 욕 안 먹고 인생을 마무리하는 것밖에는 바랄 것이 없는 가난한 신앙을 갖게 됩니다. 이런 소극적인 인생은 하나님이 원하시는 바가 아닙니다. 그래서 우리에게 자꾸 도전해 오십니다. 우리가 도망가면 끝까지 따라와 도전하십니다.

우리의 소원은 언제나 만사형통을 갈구하는 데서 벗어나지 못합니다. "하나님, 제발 다시는 하나님을 찾아올 필요가 없게 해 주세요. 오늘 다 울고 다 털어놓을게요. 그러니 다시는 제 마음에 자책을 주지 마십시오. 원망을 주지 마십시오. 다시는 하나님을 귀찮게 하는 일이 없게 해 주십시오." 이렇게 말할 때가 많습니다. 그러나 하나님은 그렇게 못하겠다고 말씀하십니다.

그런 하나님의 대답이 가장 잘 드러난 성경이 욥기입니다. 결국, 욥은 어디로 갑니까? 우리가 아는 윤리, 우리가 아는 안심을 넘어 저 위, 창조 세계를 통치하고 창조물을 다스리는 하나님의 동역자로 부름을 받습니다. 우리도 마찬가지입니다.

기대하지 않은 곳에서 일하신다

룻기에도 이런 주제가 잘 드러납니다. 나오미라는 여인을 잘 알 것입니다. 룻의 시어머니입니다. 그녀는 베들레헴 사람인데, 그곳에 기근이 들자 남편과 두 아들을 따라 모압으로 피난을 갑니다. 굶어 죽을 정도가 되어 도착한 모압에서 그 땅 여인 둘을 며느리로 얻습니다. 그러다가 나오미의 남편과 아들 둘이 죽습니다. 갑자기 과부가 된 나오미와 두 며느리는 처량한 인생을 살게 됩니다. 피난 간 곳에서도 뾰족한 수가 없자, 나오미는 다시 고향에 돌아가기로 합니다. 고향으로 돌아가기 전 두 며느리에게 "너희는 아직 젊고 희망이 있으니 여기에 남아 제2의 인생을 살라"고 합니다. 이에 큰며느리 오르바는 자기 인생을 찾아 떠나고 룻은 나오미를 따르겠다고 합니다.

나오미가 고향으로 돌아오자 동네 사람들이 "보라. 저 여인은 나오미가 아니냐. 그가 돌아왔다"라고 떠들어 댑니다. 동네 사람들의 반응을 보며 나오미가 말합니다. "나를 나오미라 부르지 마시오. 나를 '마라'라고 불러 주시오." 나오미는 '기쁨'이라는 뜻이고 마라는 '쓰다'라는 뜻입니다.

그런데 이 기구한 처지에 놓인 여인에게서 기적이 일어납니다. 며느리 룻이 보아스와 결혼하여 오벳이 태어난 것입니다. 오벳은 이새를 낳고 이새는 다윗을 낳습니다. 나오미의 인생을 생각해 보십시오. 기근 때문에 고향을 떠나야 했고, 떠난 곳에서는 가진 것을 다 잃어버려 다시 고향으로 돌아올 수밖에 없었던 비운의 여인, 그래서 자기 이름을 '나오미'에서 '마라'라고 스스로 바꾼 여인이 손자를 안고 기쁨의 찬송과 감사를 드리게 되었습니다.

구약성경이 이 일을 기록한 이유는 무엇일까요? 우리가 기대할 수 없는 처지에서 하나님이 일하신다는 것을 나타내기 위해서입니다. 우리가 만들지 않은 것, 기대하지 않은 것, 그래서 불만이고 원망일 수밖에 없는 것을 갖고서 하나님이 일하십니다.

여기서 그치지 않습니다. 더욱 기막힌 인생들이 이어집니다. 바로 라합입니다. 라합은 여리고 성의 기생입니다. 이스라엘 정탐꾼들이 그녀에게 왔을 때 라합은 그들을 살려 줍니다. 왜 라합이 그들을 살려 주었다고 생각합니까? 여리고에서 라합의 신분은 '불가촉천민'에 해당할 정도의 낮은 신분이었습니다. 어쩌면 그는 여리고가 망하기를 바라던 사람이었을지 모릅니다. 라합의 신분은 당시 사회에서는 회복되기 어려운 자리였기 때문입니다. 라합으로서는 자기가 사느냐 못 사느냐를 떠나서 이 성이 뒤집어 엎어지는 것을 보고 싶었을지 모릅니다. 결국, 그녀는 여리고 성이 멸망할 때 이스라엘 민족에 의해 구원을 얻습니다. 그런데 이 정도로 끝나지 않습니다. 더 나아갑니다.

앞서 언급한 룻의 남편이 보아스인데, 보아스의 아버지는 살몬이고 어머니가 바로 이 라합입니다. 보아스는 룻과 결혼합니다. 기가 막힌 대목입니다. 이스라엘 사람들은 원래 이방 여인과 결혼하지 않지만, 살몬도 라합을 아내로 맞이하고, 보아스도 룻을 아내로 맞이합니다. 그리고 그들의 후손으로 다윗이 태어납니다. 예수 그리스도의 출생이 그 족보를 통해 이루어집니다. 아무것도 만들어 낼 수 없던 조건과 현실을 가지고 하나님은 당신이 원하시는 기적, 기쁨, 영광을 인류 안에 만드십니다.

그런데 나오미나 라합보다 마리아의 처지는 더합니다. 마리아는 위에 나온 어떤 인물들보다 더 말이 안 되는 사람입니다. 자기가 만들지도 않은 아이를 몸에 지니고 있기 때문입니다. 이처럼 우리 앞에 허다한 증인들이 있습니다. 그들이 만들어 낸 역사가 아닙니다. 세상의 기준으로 보면, 그들은 최악의 경우로 내몰렸고 세상에서 가장 낮고 가장 절망적인 자리로 내몰렸지만, 하나님은 거기에다 세상이 만들 수 없는 것을 기꺼이 담으십니다.

분명하고 확실한 길은 잘 안 보입니다. 각자에게 고유하고 모호한 고난의 자리가 있을 뿐입니다. 그리고 우리 모두 싫어하는 선택이 기다리고 있습니다. 고난이 닥칠 때 우리는 보통 하나님에게 이렇게 따집니다. "왜 나를 이때 요 모양 요 꼴로 여기에 보내셨습니까?" 하나님이 말씀하십니다. "내가 네게 복을 주려고 그런다." "이게 복이라고요? 평생 웬수가 집안에 있는 걸요?"

자기 자식을 천사라고 부르는 부모가 어디 있습니까? 자기 인생이 만족스러운 사람이 어디 있습니까? 세상 사람들이야 불만족스러울 때가 없을지 몰라도 우리는 많습니다. 그래서 불평합니다. "하나님, 이게 뭡니까? 제가 얼마나 열성을 다하여 주 앞에 모든 것을 내놓겠다고 했습니까?" 그런데 하나님은 계속 그 길을 걸으라고만 하십니다. 순종이란 무엇입니까? 하나님이 우리에게 요구하시는 인생을 수용하는 것입니다. 그러니 한숨 쉬고 울며 그 길을 가십시오. 우리 앞에 있는 허다한 증인들이 다 울고불고 걸어간 길입니다.

없는 데서 있게 하고 망한 일을 승리로 바꿀 수 있다, 이것이 믿음입니다. 하나님이 우리에게 가지신 뜻이며, 우리에게 펼치시는 당신의 권능입니다. 그런데 왜 이렇게 긴 시간을 두셨을까요? 우리에게 시간을 허락하여 순종을 배우게 하려고 그렇게 하신 것입니다. 믿음에서 우리 몫인 책임은 어떻게 지는 것일까요? 우리 인생에 담으신 하나님의 본문을 우리 생애 속에서 책임 있는 반응으로 증언하라고 하십니다. 그렇게 책임을 지는 것입니다. 여기서 말하는 반응은 어떤 반응일까요? 죽을 것 같고 끝난 것 같은 데서 우리가 할 수 있는 반응입니다.

성경에는 이 반응에 대한 중요한 두 지침이 나옵니다. 하나는 로마서 12장 1절 이하에 있는 '너희 몸을 하나님이 기뻐하시는 거룩한 산 제물로 드리라'입니다. 여기서 '산 제물'은 삶으로 드리는 제사입니다. 우리 인생을 하나님이 본문을 담는 컨텍스트로 삼으신다는 뜻입니다. 우리가 인생에서 타협하고 포기하려는 것을 하나님이 막으십니다. 어떻게 막습니까? 끊임없이 도전하셔서 우리가 이것이면 끝났다고 생각하는 데서 끝나지 않았음을 보게 하십니다. 그래서 우리보고 이렇게 살라고 합니다. "네 믿음만큼 해라. 각자 믿음의 분량대로 해라. 네가 할 수 없는 일을 요구하지 않았다. 완벽해지라거나 해결하라고 하지 않는다. 다만 악으로 악을 갚지 말고 선으로 악을 이겨라." 악인에게 감동을 줘서 회개하게 하라는 말이 아닙니다. 저 바보가 악한 역할을 하면, 너는 선한 역할을 맡고 있다는 걸 기억해라, 그런 의미입니다.

그렇게 살면, 고린도전서 13장 곧 사랑 장의 요구를 이루게 됩니다. 이것이 두 번째 지침입니다. 사랑은 어떻게 하는 것이라고 성경은 말씀합니까? 사랑은 오래 참는 것이라 말합니다. 이 구절을 영어로 하면 이렇습니다. 'Love is long-suffering.' 사랑은 오랜 고통입니다. 사랑하기에 고통스럽게 사는 것입니다. 고통을 면하게 해 달라고 기도하는 것이 아니라, 이 고통을 감수하고 사는 것입니다. 세상의 악함과 비참함을 보며, 그 속에서 아무짝에도 쓸모없는 존재가 되고 피해를 보는 것까지 견뎌야 합니다. 하나 더 가면 무엇이죠? 사랑은 온유하고, 성내지 않고, 이기적이지 않고, 무례히 행치 않습니다. 이렇게 성숙해 가는 것입니다.

질문하기

1.

"믿음은 (　　)로 시작해서 (　　)을 목적하여 나아가는 것이다."

2.

구약성경이 나오미의 일을 기록한 이유는 무엇입니까?

3.

믿음에서 우리 몫인 책임은 어떻게 지는 것입니까?

나누기

'신자만이 체념하지 않는다'라는 말에 대해 생각해 봅시다.

그러나
너희가 이른 곳은

18 너희는 만질 수 있고 불이 붙는 산과 침침함과 흑암과 폭풍과 **19** 나
팔 소리와 말하는 소리가 있는 곳에 이른 것이 아니라 그 소리를 듣는 자
들은 더 말씀하지 아니하시기를 구하였으니 **20** 이는 짐승이라도 그 산
에 들어가면 돌로 침을 당하리라 하신 명령을 그들이 견디지 못함이라
21 그 보이는 바가 이렇듯 무섭기로 모세도 이르되 내가 심히 두렵고 떨
린다 하였느니라 **22** 그러나 너희가 이른 곳은 시온 산과 살아 계신 하나
님의 도성인 하늘의 예루살렘과 천만 천사와 **23** 하늘에 기록된 장자들의
모임과 교회와 만민의 심판자이신 하나님과 및 온전하게 된 의인의 영들
과 **24** 새 언약의 중보자이신 예수와 및 아벨의 피보다 더 나은 것을 말
하는 뿌린 피니라 (히 12:18-24)

07

너희가 이른 곳은

출애굽한 이스라엘 백성은 시내 광야에 도착합니다. 하나님이 모세를 산 위로 부르시고 빽빽한 구름과 흑암과 번개와 뇌성 가운데 강림하시자 모두가 두려워합니다. 이스라엘 백성은 '너희는 삼가 산에 오르거나 그 경계를 침범하지 말지니 산을 침범하는 자는 반드시 죽임을 당할 것이라'라는 명령을 듣고 위협을 느끼며 두려움 속에 놓여 있습니다.

그런데 본문 말씀은 너희가 있는 곳은 그런 곳이 아니다, 옛날 너희 선조들은 하나님의 거룩함을 두려움으로밖에 경험할 수 없었지만 너희는 그렇지 않다, 이렇게 가르칩니다.

22절에서 말하는 '너희'는 히브리서의 수신자와 모든 신약 백성을 가리킵니다. 그러니 우리가 이른 곳은 천만 천사들이 모여 환호하는 곳, 즉 예수로 말미암아 하나님이 당신의 창조 세계를 영광으로 회복하시고 주인공인 하나님의 백성들을 불러 환호하며 기뻐하고 찬양하게 하는 복된 자리인 것입니다. 지금 우리의 신분이자 지위가 이와 같은 것이라고 말합니다.

히브리서 수신자들은 여전히 고통 속에 있고 스스로 낙심한 상태인데, 오히려 히브리서는 그들이 가진 지위와 신분은 이렇게 굉장한 것이라고 말하고 있습니다. 그런데 우리는 잘 안 믿어집니다. 도무지 승리한 것 같지 않은 현실 때문입니다.

히브리서 강해 첫 시간에 말씀드렸듯이, 우리가 천사를 좋아하는 이유는 무엇입니까? 천사는 구정물에 손 담그지 않고 살아도 되기 때문입니다. 마찬가지로 우리가 아브라함이나 바울을 좋아하는 이유도, 그들이 이미 죽어 더 이상 고생하지 않는 것이 부럽기 때문일 수도 있습니다.

우리는 자신의 현실을 직시하기가 겁이 납니다. 현실을 살자니 고통뿐이고 믿음을 지키자니 인생이 너무 깁니다. 신앙이 좋을 때 딱 죽으면 좋겠는데, 좋을 때는 거의 없고 편안할 때는 바른 생각이 거의 안 납니다. 이것이 문제입니다. 히브리서가 이 문제를 뚫고 있습니다.

지금 우리가 이른 곳은 시온 산 곧 살아 계신 하나님의 도성인 하늘의 예루살렘입니다. 신약 백성과 함께 축하 행사에 모인 수많은 천사들과 하늘에 기록된 장자들의 모임과 교회와 만민의 심판자이신 하나님과 및 온전하게 된 의인의 영들과 새 언약의 중보자이신 예수께 나아왔습니다. 아벨의 피보다 더 훌륭한, 예수가 뿌리신 피 앞에 이른 것입니다. 예수로 말미암아 하나님이 당신의 창조 세계를 영광스럽게 회복하시고 완성하신 일을 우리가 '장자들'과 함께 누린다고 합니다. 여기서 장자란 '하나님의 유업을 이을 자'라는 의미로 남녀를 불문한 하나님의 모든 백성을 가리킵니다. 우리도 역시 이런 일이 실감 나지 않는 것 같으니 성경의 비유를 들어 좀 더 설명하겠습니다.

탕자의 비유

이 상황에 가장 잘 들어맞는 것이 탕자의 비유입니다. 잘 알다시피 이 비유는 자기 몫의 재산을 받아 들고 집을 나가 허랑방탕하게 살다가 거의 굶어 죽게 된 작은아들이 돌아온 이야기입니다. 돌아온 그는 자기가 했던 짓이 무엇인지를 깨닫고는 스스로 "아버지, 저는 아버지의 자식으로 불릴 자격이 없습니다. 저를 품꾼의 하나로 여겨 주십시오"라고 청합니다. 이 말에 아버지가 펄쩍 뜁니다. "무슨 소리냐? 얘들아, 내 아들을 목욕시키고 새 옷을 입혀라. 새 신을 신겨라. 가락지를 끼워라. 소를 잡아라. 함께 잔치하자." 이렇게 됐죠. 이 아들이 집을 나가 허랑방탕하게 지내며 자신에 대해 스스로 절망했을 때에도 그는 아버지의 자식이었습니다. 다들 여기를 놓칩니다.

우리가 선 곳은 시온 산과 하늘의 예루살렘이며 천만 천사가 환호하는 자리입니다. 신분과 지위가 이러한데, 문제는 그런 자리에 있는 자답게 살지 못한다는 점입니다. 우리의 일상은 이 영광을 알고 신자의 지위에 맞게 명예롭게 살아 내느냐, 아니면 슬슬 도망가고 못나게 구느냐의 갈림길 앞에 놓여 있다고 할 수 있는데, 줄곧 우리는 잘못하면 곧바로 지옥으로 떨어지고 잘하면 다시 천국으로 비상하느라 늘 천국과 지옥을 오갑니다. 하나님은 내가 뭔가 한번 결정하면 그것으로 끝나게 해 주시지, 왜 이런 선택을 반복하게 하시는지 이해가 가지 않습니다. 그래서 무엇으로 확인하게 해 달라고 조릅니까? 다시는 죄를 안 짓는 것으로 확인시켜 달라고 합니다. 죄라고 이야기할 것까지 없습니다. 못난 짓입니다.

신앙생활을 하는 자리는 절망하고 자폭하고 마는 자리가 아니라 부끄러움을 아는 자리입니다. '그렇게 하는 건 부끄럽다. 다시는 안 한다' 이렇게 가야지, 절망이나 자폭으로 가면 안 됩니다. 부끄러운 일을 했으면 깨닫고 감수하는 자리로 오라는 이야기입니다. 그래서 이 대목이 중요합니다. 큰아들이 밭에서 일하고 돌아오면서 "이게 웬 풍악 소리냐?"라고 묻습니다. 하인이 "주인님의 작은아들이 돌아오자 주인님이 기뻐서 잔치를 열었습니다"라고 하자 큰아들은 화가 나서 집에 안 들어가려고 하죠. 아버지가 들어가서 함께 즐기자고 권합니다. "아니, 아버지의 재산을 다 탕진해 버린 자식한테 무슨 잔치입니까? 저와 제 친구들한테는 염소 새끼 한 마리도 잡아 주지 않으셨으면서"라고 불평합니다. 그러자 아버지가 뭐라 그러시죠? "얘야, 넌 늘 나와 항상 함께 있지 않느냐. 내 것이 다 네 것 아니냐."

탕자의 비유에서 우리가 간과하는 대목이 무엇일까요? 아버지는 작은아들이 돌아온 것을 기뻐하지만, 그가 돌아온 것으로 끝이 아닙니다. 돌아온 작은아들도 앞으로는 큰아들처럼 살아야 합니다. 이제 그는 불만이 가득한 인생, 매일 일만 하고 염소 새끼 한 마리도 대접 못 받는 참으로 고단한 삶을 살게 될 것입니다. 아버지가 큰아들에게 염소 새끼 한 마리도 잡아 준 적 없었다면 큰아들은 뭘 먹고 살았을까요? 내내 굶었을까요? 만족할 만큼 영광스러워 보이지 않는 인생을 살았을 것입니다. '내게는 염소 새끼 한 마리도 안 잡아 주셨잖아요'라는 푸념은 하나님의 동역자로, 유업을 이을 자로 사는 고된 훈련을 표현한 대사입니다. 우리가 버텨 내야 할 삶입니다.

시내 산과 시온 산의 대비를 통하여, 하나님의 거룩하심이 두려움으로 나타나는 것과 하나님의 거룩하심이 우리의 기쁨과 환희가 되는 것을 구별하지 못하면, 믿는 건지 안 믿는 건지 헤매다 길을 잃습니다. 하지만 우리가 벗어날 수 없는 복된 운명 속에서 위대하고 명예롭게 사느냐, 아니면 못나고 부끄럽게 사느냐의 갈림길에 서 있다고 생각하면, 생각이 달라질 것입니다. 에베소서에 나온 말씀을 생각해 봅시다. '무릇 더러운 말은 너희 입 밖에도 내지 말고'(엡 4:29)라는 말은 더러운 말을 하는 것이 죄라는 의미보다 '더러운 말을 하는 것은 네 신분에 어울리지 않는 행동이다'라는 의미입니다.

에서와 아벨

히브리서 12장에서는 두 인물을 언급하는데, 에서(히 12:16)와 아벨(히 12:24)입니다. "음행하는 자와 혹 한 그릇 음식을 위하여 장자의 명분을 판 에서와 같이 망령된 자가 없도록 살피라"(히

12:16). 에서는 망령된 자들을 대표하는 인물로 등장합니다. 여기서 '장자의 명분'이란 하나님의 유업을 이을 자의 지위를 가리킵니다. 그런데 에서는 장자의 명분을 죽 한 그릇에 팔아넘겼죠.

우리가 매일 하는 기도와 같습니다. "하나님, 다른 것은 원치 않습니다. 그저 이번에 제 아들을 좋은 학교에만 붙여 주시면 더 이상 와서 징징거리지 않겠습니다." 겨우 그런 걸 걸지 마십시오. 이렇게 하는 것은 너무 밑지는 장사입니다. 하나님의 백성으로 사는 걸 겨우 그런 것과 바꿀 수는 없습니다. 우리의 진정성을, 그 운명과 지위를 고작 그런 세상 것에다 걸고 이야기하지 마십시오. "하나님, 하나님이 우리에게 복 주기를 원하고 우리의 인생을 위대하게 하신 것을 믿습니다. 제 아들도 하나님의 일하심을 깨닫게 하사 하나님을 찬송하며 걷게 하옵소서." 그렇게 기도하기 바랍니다.

우리는 우상이나 점쟁이한테 가서 비는 것 같이, 기독교의 격을 확 떨어트리는 기도밖에 할 줄 모르게 되어 버렸습니다. 하나님은 무척 두려운 분입니다. 그런데도 마치 하나님을 무엇이 부족한 분으로 여겨 그렇게 흥정하는 것은 신자의 지위와 정체성을 놓치는 일이며 현실을 살아 내는 일을 무기력하게 만드는 큰 왜곡입니다. 아벨은 이런 맥락에서 등장합니다.

> 그러나 너희가 이른 곳은 시온 산과 살아 계신 하나님의 도성인 하늘의 예루살렘과 천만 천사와 하늘에 기록된 장자들의 모임과 교회와 만민의 심판자이신 하나님과 및 온전하게 된 의인의 영들과 새 언약의 중보자이신 예수와 및 아벨의 피보

다 더 나은 것을 말하는 뿌린 피니라 (히 12:22-24)

여기서 아벨의 피는 왜 나왔을까요? 아벨은 아담과 하와가 낳은 아들로 가인의 동생입니다. 형 가인이 아벨을 죽이죠. 아벨의 피가 하나님에게 호소합니다. 어떤 호소를 했다고 생각합니까? "하나님, 보복해 주십시오." 그런 게 아닙니다. 히브리서 본문으로 미루어 아벨의 피는 "하나님, 창조를 어찌 사망이 되게 하십니까? 생명이 사망에 진다면 그게 무슨 창조겠습니까? 하나님, 하나님이 창조주시라면 이럴 수는 없습니다"라는 호소를 했을 것입니다.

하나님이 아벨의 피가 하는 호소를 듣고 갚으셨죠. 보복으로 갚지 않으시고, 하나님이 사망의 원인과 모든 결과를 다 씻어 내고 '내가 내 창조를 기어코 완성하겠다'는 것으로 갚으셨습니다.

그런데 여기에 예수 그리스도의 피는 왜 등장할까요? 예수께서, 그가 흘린 피로써 사망으로 무너진 것을 회복하셨기 때문입니다. 히브리서 2장 14절을 보면 예수께서 그의 피로 하신 일이 이렇게 소개됩니다.

자녀들은 혈과 육에 속하였으매 그도 또한 같은 모양으로 혈과 육을 함께 지니심은 죽음을 통하여 죽음의 세력을 잡은 자 곧 마귀를 멸하시며 (히 2:14)

예수께서는 사망의 권세를 가진 마귀를 멸하셨습니다. 사망은 우리에게 더 이상 위협이 되지 않습니다. 우리에게는 하나님의 자녀라는 이름, 그 자녀로 사는 영광과 자랑과 승리와 찬송이 있을 뿐입니다. 그걸 만들어 가는 길에 잠시 고난이 있습니다. 하나님의 자녀가 되는 영광이나 자랑이나 승리는 단지 어떤 개념이나 이상이나 소원이 아니라 각각의 존재가 실제로 그런 가치를 품은 존재가 되는 일입니다. 그러기에 고난이 있습니다.

우리가 천국에서 다시 만나면, 누가 누구인지 바로 알아볼 것입니다. 고난을 겪어 낸 각자의 인생에 새겨진 고유한 흔적을 보고서 말입니다. 영광된 존재로 만나 "너 이거 그때 고집 부려 얻은 흔적이구나" 하는 이야기를 웃으며 나누게 될 것입니다. 모든 약점이 더 이상 약점이 아닌, 모든 부족한 것이 더 이상 결핍이 아닌, 모든 약한 것이 오히려 영광스럽고 놀랍고 환희에 찬 증거가 되는 그런 존재로 만날 것입니다.

질문하기

1.

히브리서 12장 22절의 '너희가 이른 곳'은 어떤 곳입니까?

2.

'내게는 염소 새끼 한 마리도 안 잡아 주셨잖아요'라는 큰아들의 푸념은 무엇을 표현한 말입니까?

3.

우리가 천국에서 다시 만나면, 누가 누구인지 바로 알아볼 것입니다. 그 이유는 무엇입니까?

나누기

고난을 겪어 내며 새겨진 영광스러운 흔적이 무엇일지 함께 나누어 봅시다.

흔들리지 않는 나라를 받았은즉

25 너희는 삼가 말씀하신 이를 거역하지 말라 땅에서 경고하신 이를 거
역한 그들이 피하지 못하였거든 하물며 하늘로부터 경고하신 이를 배반
하는 우리일까보냐 **26** 그 때에는 그 소리가 땅을 진동하였거니와 이제는
약속하여 이르시되 내가 또 한 번 땅만 아니라 하늘도 진동하리라 하셨
느니라 **27** 이 또 한 번이라 하심은 진동하지 아니하는 것을 영존하게 하
기 위하여 진동할 것들 곧 만드신 것들이 변동될 것을 나타내심이라 **28**
그러므로 우리가 흔들리지 않는 나라를 받았은즉 은혜를 받자 이로 말미
암아 경건함과 두려움으로 하나님을 기쁘시게 섬길지니 **29** 우리 하나님
은 소멸하는 불이심이라 (히 12:25-29)

08

자연주의, 실존주의, 기독교 신앙

본문 말씀이 주는 권면에는 이런 배경이 전제되어 있습니다. '신약시대 성도는 시내 산에 있지 않고 시온 산에 있다. 구약시대와는 지위와 신분이 다르다. 하나님이 당신의 백성으로 삼은 이스라엘의 신분은 신약시대에 예수 그리스도로 말미암아 죄 가운데서 구원한 성도의 신분과는 큰 차이가 있다.' 이러한 배경을 염두에 두고 하신 말씀입니다.

예수를 믿는 사람과 믿지 않는 사람들의 차이는 세계관에 있습니다. 신자라면 기독교 세계관을 확립해야 하는데, 그 필요성과 도전을 삶에서 구체화하지 못해 갈등이 생깁니다. 세계관은 우리에게 '세상의 기원은 무엇인가. 세상을 지배하는 원리는 무엇이며, 우리는 어디로 가는가. 우리가 몸담고 사는 세상, 외면하거나 도망칠 수 없는 세상이 목적으로 삼는 것은 무엇이며,

여기에는 어떤 의미가 있는가' 하는 질문을 던집니다.

세상 사람들은 대부분 자연주의 세계관을 가지고 있습니다. '자연주의'라는 것은 세상에서 벌어지고 있는 자연 질서에 따른 운명을 세계관으로 가지는 것을 말합니다. 자연주의 세계관의 특징은 사람들이 흔히 쓰는 표현에 담겨 있습니다. '생로병사'가 그것입니다. 사람은 태어나서 늙고 병들어 죽습니다. 생로병사라는 자연주의의 특징은 누구도 거부할 수 없습니다. 사람은 태어나 결국 다 죽습니다.

그런데 이 세계관의 약점은 인간이 소원하는 깊은 욕구를 만족시켜 주지 못한다는 사실입니다. 자연주의가 제시하는 진실과 현실은 우리를 내리누릅니다. 내가 거부한다고 해서 거부할 수 없는 진실, 또 이게 싫다고 해도 대안을 만들 수 없는 현실에 직면하게 됩니다. 바로 그렇게 대안을 만들 수 없다는 사실 때문에 인류는 자연주의 세계관에 저항하고 도전했습니다. 왜냐하면 자연주의는 허무주의가 되고 말 운명이기 때문입니다. 자연주의가 맞다면, 우리 모두 원망하거나 체념하고 살 수밖에 없고 허무주의에 이르게 됩니다.

이 허무주의에 도전한 것이 '실존주의'입니다. 인류 역사에서 가장 뚜렷하고 가치 있어 보이는 결정이 실존주의라고 볼 수 있습니다. 실존주의를 간단히 표현해 보자면, '내가 죽음을 바꿔 놓을 수는 없다. 하지만 살아 있는 동안은 내 권리를 내가 행사하겠다'는 정신입니다. 이렇게 주체적인 결정을 함으로써 허무주의를 극복할 수 있다는 것입니다.

하지만 중요한 사실은 인간에게는 대안을 제시할 방법이 없다는 것입니다. 그저 마음으로 죽음을 거부할 뿐이죠. 이런 이유로 그리스 신화와 헬레니즘 문화에서는 실존주의가 힘을 갖게 됩니다. 그리스 신화에서 일으키는 큰 공감은 '인간은 체념할 수 없다. 그 인생과 가치를 포기할 수 없다'라는 것입니다. 그리하여 인간은 죽음이라는 운명이 예정되어 있음을 알면서도 신들의 변덕과 부도덕함에 도전합니다. 이런 인간을 영웅으로 그려 냄으로써 인간이 신보다 가치 있는 존재임을 증명해 냅니다. 이들은 하나님을 몰랐고 인간이 죽음을 해결할 수 없다는 것도 몰랐지만, 말하자면 죽음에 도전하는 인간의 실존적 가치를 그려 냈습니다. 죽음을 해결하기 위해서가 아니라, 죽음을 감수하고 올바른 일에 헌신하기 위해서 영웅을 창조해 낸 것입니다.

이에 반해, 기독교 신앙은 죽음이라는 것이 더 이상 우리에게 힘을 쓰지 못하는 운명 속에 있다는 사실에서 출발합니다. 예수를 믿는다는 것은 신자가 죽지 않고 영원히 산다는 것을 의미합니다. 영원히 사는 것이 예수로 말미암아 허락되었습니다.

영생은 예수를 믿는 순간에 시작되는데, 그렇다고 해서 형통이 보장되는 것은 아닙니다. 이 점 때문에 우리는 당황하게 됩니다. 예수님이 다시 오시면, 온 세상에는 죄와 사망과 눈물과 한숨이 없어지고 새 하늘과 새 땅이 펼쳐지는 새로운 세상이 될 것입니다. 이런 사실은 우리도 알고 있습니다. 하지만 거기까지 가는 길고 긴 인생살이가 세상의 위협과 핍박으로 가득 차 있어서 끊임없이 울며 한숨을 쉬며 살아가는 현실로 허락되었다는 사실을 받아들이기 싫어합니다.

하나님은 소멸하는 불이심이라

이제는 거꾸로 물어야 합니다. '왜 하나님은 이 긴 기간을 요구하시는가. 우리에게 영생을 주셨고, 부활이라는 것을 기본이자 시작으로 이미 주셨는데, 부활 생명을 가지고 영원한 나라를 부여받은 인생에게 왜 고단한 삶을 살게 하시는가.' 이런 질문을 던진 다음 하나님의 작정, 하나님의 뜻, 하나님의 지혜와 권능으로 답하는 것이 히브리서를 비롯한 많은 서신서의 초점입니다. 고린도전서 15장에 가 봅시다.

> 그러나 이제 그리스도께서 죽은 자 가운데서 다시 살아나사 잠자는 자들의 첫 열매가 되셨도다 사망이 한 사람으로 말미암았으니 죽은 자의 부활도 한 사람으로 말미암는도다 아담 안에서 모든 사람이 죽은 것 같이 그리스도 안에서 모든 사람이 삶을 얻으리라 그러나 각각 자기 차례대로 되리니 먼저는 첫 열매인 그리스도요 다음에는 그가 강림하실 때에 그리스도에게 속한 자요 그 후에는 마지막이니 그가 모든 통치와 모든 권세와 능력을 멸하시고 나라를 아버지 하나님께 바칠 때라 그가 모든 원수를 그 발 아래에 둘 때까지 반드시 왕 노릇 하시리니 맨 나중에 멸망 받을 원수는 사망이니라 (고전 15:20-26)

종말을 이야기하는 말씀입니다. 자연주의는 인류 역사를 아메바에서부터 시작하여 진화되고 결국 죽고 마는 존재로밖에 인식하지 못하지만, 기독교가 가지는 역사관은 다릅니다. 역사에 대한 기독교 신앙의 이해는 창조, 타락, 약속, 구원, 교회, 그리고 종말입니다. 시작과 끝이 창조와 종말로 되어 있습니다.

여기서 종말은 종종 '심판'이라는 단어로 소개되는데, 이 심판은 무서운 것이 아닙니다. 공포가 아니라 완성입니다. 완성을 위하여 하나님이 모든 악한 것들을 다 정리해 버리는 시간이 종말입니다. 이것을 본문 말씀은 "우리 하나님은 소멸하는 불이심이라"(히 12:29)로 표현하고 있습니다. 마지막 심판은 모두에게 두려운 자리가 아니라 우리 기도에 응답하시는 하나님이 당신의 자녀들을 완성으로 부르는 자리인 것입니다. 마지막에 멸망받을 원수는 사망입니다. 그 전까지는 죄의 세력과 우리를 붙잡고 눈물과 한숨을 불러일으키는 악한 것들이 활개를 칠 것입니다. 하나님이 새 하늘과 새 땅을 주시는 때에야 악이 제거될 것입니다. 그러니 그때까지는 사망이 우리를 위협하는 환경 속에서 살아야 합니다.

하나님의 진정성

하나님은 우리를 세상과 다른 존재로 만드셨습니다. 다른 존재라는 점은 비단 큰일에서만 드러나는 것이 아닙니다. 소소한 일상에서도 드러납니다. 그런데 우리는 자꾸 허무맹랑한 비전만 품습니다. 미국과 중국의 정치 지도자들을 전도해 세상을 뒤집겠다는 식의 허황된 꿈을 꾸는 바람에 정작 해야 하는 일, 오늘의 나로 사는 일을 해내지 못하고 있습니다. 그래서 성경은 이렇게 경고하는 것인지 모릅니다. '너희가 시내 산에서 율법을 받았을 때 그게 얼마나 엄한 명령이었는지 아느냐. 그걸 어기면 죽었다. 지금 너희에게 준 영광은 얼마나 더 대단한 것인 줄 아느냐. 이것을 무시하면 하나님이 가만히 있지 않을 것이다.' 이 경고는 우리를 공포에 떨게 하려는 것이 아닙니다. '나의 진정성을 모르겠느냐. 내 아들을 아낌없이 준 진정성에 맞는 대응을 너는 보여야 한다.' 그렇게 이야기하고 있습니다.

이어서 등장하는 '하나님은 소멸하는 불이심이라'(히 12:29)라는 말씀은 이사야 60장에도 나온 말씀입니다. 하나님의 진정한 마음을 놓치지 마라, 거기에 합당한 반응을 하라는 말씀이 등장하지요. 이사야서는 60장부터 하나님의 꿈을 노래하는데, 하나님이 인류 역사와 창조 세계에 대하여 가지신 뜻과 목적 그리고 진정성을 여기서 알 수 있습니다.

> 일어나라 빛을 발하라 이는 네 빛이 이르렀고 여호와의 영광이 네 위에 임하였음이니라 보라 어둠이 땅을 덮을 것이며 캄캄함이 만민을 가리려니와 오직 여호와께서 네 위에 임하실 것이며 그의 영광이 네 위에 나타나리니 나라들은 네 빛으로, 왕들은 비치는 네 광명으로 나아오리라 (사 60:1-3)

이사야 60장 이후부터 하나님이 인류에게 하시는 은혜로운 말씀이 계속 이어지고 있습니다. "내가 창조주다. 내가 창조를 실패하겠느냐. 내가 만든 자들의 운명을 망하도록 끝낼 것 같으냐. 그렇다면 그게 하나님이냐"라고 외치고 계십니다.

히브리서 12장 마지막에 와서 "우리 하나님은 소멸하는 불이심이라"라고 소개하는 것이 아버지의 진정성과 애타는 마음, 당신의 형상으로 만든 인류에 대한 심정을 토로한 것처럼, 히브리서 12장 24절에 나온 '새 언약의 중보자이신 예수와 및 아벨의 피보다 더 나은 것을 말하는 뿌린 피'에서는 예수로 말미암은 새 언약, 그 창조를 회복하시고 완성하시는 하나님의 진정성을 소개하고 있습니다. "너희는 힘을 다하여 하나님이 너희에게 목적하시고 뜻하시는 바를 너희 하루에 채워라. 그것이 너희에게 영광이고 위대함이며 하나님이 원하시는 십자가의 길이다. 그것은 하나님의 권능이요 하나님의 지혜다. 그러니 위대해져라. 때로는 자책하는 날도 올 것이다. 그러나 그것이 너희 운명이 되지는 않을 것이다. 일어나라. 아침에 눈을 뜨거든 오늘은 더 위대하게 살겠다는 그런 작정 속에 맞이하라." 예수를 보내신 하나님의 진정성을 확인했다면, 오늘 다시 일어나 영광된 승리를 향해 나아가십시오.

질문하기

1.

세계관이 우리에게 던지는 질문은 무엇입니까?

2.

마지막 심판은 어떤 자리입니까?

3.

이사야 60장에 소개되는 '하나님의 진정성'은 어떤 의미입니까?

나누기

종말이라는 단어를 듣고 공포감이 든 적이 있다면 왜 그랬는지에 대해 나누고, 종말에 대한 바른 반응이 무엇인지에 대해서 나누어 봅시다.

형제 사랑하기를 계속하고

1 형제 사랑하기를 계속하고 2 손님 대접하기를 잊지 말라 이로써 부
지 중에 천사들을 대접한 이들이 있었느니라 3 너희도 함께 갇힌 것 같
이 갇힌 자를 생각하고 너희도 몸을 가졌은즉 학대 받는 자를 생각하라
4 모든 사람은 결혼을 귀히 여기고 침소를 더럽히지 않게 하라 음행하는
자들과 간음하는 자들을 하나님이 심판하시리라 5 돈을 사랑하지 말고
있는 바를 족한 줄로 알라 그가 친히 말씀하시기를 내가 결코 너희를 버
리지 아니하고 너희를 떠나지 아니하리라 하셨느니라 6 그러므로 우리가
담대히 말하되 주는 나를 돕는 이시니 내가 무서워하지 아니하겠노라 사
람이 내게 어찌하리요 하노라 7 하나님의 말씀을 너희에게 일러 주고 너
희를 인도하던 자들을 생각하며 그들의 행실의 결말을 주의하여 보고 그
들의 믿음을 본받으라 8 예수 그리스도는 어제나 오늘이나 영원토록 동
일하시니라 (히 13:1-8)

09

고단한 신앙 인생

십자가에서 죽으신 예수는 우리를 구원하셨을 뿐만 아니라 이 구원을 영광으로 완성하려 하시는데, 그 완성의 중요한 내용은 우리에게 책임으로 주어져 있습니다. 여기서 책임이란 우리의 선택 즉 선택할 수 있는 기회를 의미합니다. 이 책임을 수행하기 위해 자유가 주어졌다고 성경은 말합니다. 우리는 마음에 악한 생각이나 못난 생각은 들어오지 않고 오직 하나님의 뜻만 들어오면 좋을 것 같은데, 그렇게는 안 해 주신다는 말입니다.

신자라면 누구나 하나님의 뜻을 알고 싶어 합니다. 신자가 하나님의 뜻을 묻는 것은 정당하지만, 실제로는 하나님에게 책임을 전가하는 의도로 물어봅니다. '하나님에게 뜻을 물어 하나님이 응답해 주신 대로 했으니 이제 내 책임은 없습니다'라는 데로 가는 것입니다. 하지만 하나님은 오히려 우리에게 물으십니

다. '너는 어떻게 하고 싶냐?'

또 우리가 하나님의 뜻을 알려 달라고 아무리 물어봐도 하나님은 속 시원히 가르쳐 주시지 않습니다. 그러다가 하나님의 뜻과 다른 길로 가게 되면 어떤 일이 일어납니까? 실패한 결과를 맛보게 됩니다. 그러면 후회와 원망이 생깁니다. '하나님, 왜 제 기도에 응답해 주지 않으셨어요? 확실한 응답을 주셨으면, 제가 이런 일을 안 당할 것 아녜요? 제가 그토록 애원했는데, 왜 내버려 두셨어요?'라고 원망합니다.

하나님은 왜 속 시원히 응답해 주시지 않을까요? "내가 너희를 구원할 때에 어떻게 일하였는지 생각해 보아라. 내가 보낸 아들은 인간의 몸을 입고 고난을 겪고 외면당하고 수난을 당하고 배반을 당하여 십자가에서 비명을 질렀다. 나는 이런 방법으로만 일을 한다. 다른 방법으로는 신자가 만들어지지 않는다. 신앙은 네 실력과 분별이 자라야 하는 문제다." 그렇게 말씀하시는 것입니다.

그러면 이제 어떻게 해야 할까요. '하나님의 일하심을 인정하고 믿음 생활을 하겠다'라고 다짐하자, 성경은 우리더러 완벽해지라고 이야기하지 않고, 우리가 할 수 있는 일을 하라고 합니다.

학교에 가면 열심과 성실과 노력의 가치를 배우게 됩니다. '공부에는 지름길이 없다', '공부만 잘할 게 아니라 도덕성도 완전해야 한다.' 이런 가치를 배우지만, 공부하면서도 거짓말은 계속하고 농땡이도 여전합니다. 하지만 그 속에서 큽니다. 도덕적 문제가 완성되면 더 이상 배울 게 없는 그런 과정은 없습니다. 완벽한 도덕성을 갖추었다고 해도 인간은 온전해지지 않습니다. 도덕성과 인간성이 따로 놀 때가 많습니다. 명분에 그칠 뿐인 도덕성인 것이죠.

형제 사랑과 공동체

하나님은 우리를 현실 속에서 우리 몸뚱어리로 실제 살아 보게 하십니다. 그리하여 스스로 분별하고 선택한 결과를 맛보게 하며 잘잘못, 후회와 원망, 그리고 비명을 질러 대는 과정을 통하여 자녀답게 자라게 하십니다. '젊어서 고생은 사서도 한다'라는 말이 있는 이유입니다. 하나님이 우리를 만들어 가시는 방법에는 우리의 모자람과 오해와 변명과 실패까지 포함됩니다.

결국 무엇을 하라고 그러시는 걸까요? 정답을 주고받으라고 하지 않습니다. 정답은 방향일 뿐입니다. 방향이 길을 만들지는 않습니다. 길은 내 발로 실제 걸어야 합니다. 그 방향으로 걸어간 만큼 길이 되고 내가 되는 것입니다. 그러니 무엇을 하라 그럽니까? '형제 사랑하기를 계속해라.' 여기서 형제는 신앙 공동체입니다. 우리는 같은 고백을 하는 하나님의 자녀들의 공동체입니다.

하지만 '형제 사랑'이라는 말을 붙일 만한 공동체가 만들어지는 데에는 어려움이 많습니다. 초점이 빗나가 있어서 그렇습니다. 도덕적 완벽함, 형통만을 바라는 마음, 이것들이 우리의 교제를 막습니다. '우리가 주고받을 수 있는 것이 뭐가 있다고, 서로 속 이야기까지 꺼내겠는가, 굳이 아쉬운 소리를 해야 겠는가' 하는 생각에 마음을 나눌 수 없게 됩니다.

그러지 말고 반가워하십시오. 외국에 나갔다가 한국말을 하는 사람을 만나면 얼마나 반갑습니까? 그렇게 하십시오. 책을 읽다가 이런 표현을 만났습니다. '성찬에 함께 참여하는 자는 당신의 형제다. 그가 얼마나 잘났느냐 못났느냐, 그가 평소에 어떤 사람이었느냐는 다 잊어라. 성찬에 참여한 자 곧 예수의 살을 먹고 예수의 피를 마시겠다고 하는 자는 다 형제라.' 그렇습니다.

물론 형제라고 다 도움이 되는 것은 아닙니다. 그러나 내 마음에 안 드는 사람을 형제로 받아들이는 연습을 해야 합니다. 그래서 교회 안에는 성숙한 신자가 필요합니다. 성숙한 신자란 어떤 존재입니까? 본문 말씀에서 적극적으로 이야기한 바와 같이, 형제 사랑하기를 계속하고 손님 대접하기를 잊지 않고 갇힌 자들을 생각하고 학대받는 자들을 생각하는 자입니다.

이런 덕목은 도덕적 규율이나 종교적 명령이 아닙니다. 또한 그저 선행을 강조하는 권면도 아닙니다. 기독교는 착하게 살아서 천국 가자고 하지 않습니다. 죄인들이 천국에 갑니다. 예수님이 불러낸 사람들이 가는 곳이 천국입니다. 그러니 신자는 세상에서 윤리적으로 훌륭하다고 쳐 주는 사람보다 더 못난 사람들일 수 있습니다. 그러나 예수를 믿는 것과 안 믿는 것의 차이는 절대적입니다.

월터 브루그만이라는 구약학자가 쓴 글을 함께 봅시다. "성경은 우리로 하여금 삶의 전반에 걸쳐 직면하는 세상의 현상, 상징, 그리고 운명에 대하여 긴장과 모순 관계를 만든다. 곧 우리를 '역(逆) 세상(Counter-World)'으로 이끄는 것이다. 이 세상과 우리는 반대 상태, 서로 부딪히는 충돌 상태에 있다. 우리는 이 세상이 실현 가능한 모든 세상들 가운데 최선이 아니라는 사실을 너무나 잘 안다. 그 결과 성경의 역(逆) 세상은 우리로 현실에 대항하며 신뢰와 확신을 줄 수 있는 하나님의 하나의 세상을 갈망하게 한다."[1] 그렇습니다. 그래서 우리가 예수를 믿게 된 것 아닙니까?

이어서 더 보겠습니다. "우리는 선한 목자가 통치하는 새로운 세계, 하늘로부터 도움이 오고 신뢰할 만한 피난처와 힘이 되는 세계를 갈망한다. 그래서 현실을 사는 우리가 절망과 공포로 가득한 이 세상에서 성경 말씀을 계속 듣기 원하게 된다. 다시 말해 우리는 선택의 여지가 없는 분노와 원망의 이 세상을 뛰어넘는 또는 완전히 다른 그 어떤 세상을 원하는 것이다. 이 짧고도 간결한 결론은 우리가 성경의 많은 부분을 피하고 싶어 하는 이유에 대한 답이기도 하다. 성경이 말하는 세상은 우리가 감당할 수 있는 능력 이상으로 너무 위험하고 날카로운 논쟁점들을 안고 있다. 우리가 성경에서 만나는 하나님은 우리에게 익숙하고 친절한 목회적 차원의 하나님이 아니라, 우리를 혼란스럽게 하고 도전하는 분이다. 그래서 우리는 성경에 끌리기도 하면서 동시에 그것으로부터 달아나려고 한다. 다시 말해 우리는 성경이 세상을 대항할 수 있는 근거를 제시해 주기를 원하지만, 동시에

1) 월터 브루그만 지음, 박형국·김상윤 옮김, 《시편적 인간》(한국장로교출판사), 38쪽.

우리로 이 세상에 도전하게 만드는 것을 두려워하는 것이다."[2)]

거룩함과 위대함으로의 초대

그러니 우리는 어떻게 살아야 할까요? 아마 갈등 속에서 수없이 왔다 갔다 할 수밖에 없을 것입니다. 한 번 실패했다고 해서 어떻게 되지 않습니다. 그러니 실패를 통해 배워야 합니다. 세상이 원하는 대로 하고 나면 늘 후회스럽다는 점을 배워야 합니다. 거기에는 아무런 위대함이 없습니다. 고함지르고, 분을 내고, 보복하고, 악을 쓰는 것은 영혼 저 깊은 곳에 있는 우리의 갈증을 채우지 못합니다. 우리 자신이 비참해진다는 것을 스스로가 압니다. 그러나 우리는 자꾸 집니다. 무엇 때문에 질까요? 세상의 힘 때문에 지죠. 그러니 생각해 보십시오. 위대하고 명예로워질 수 있는 기회를 가졌다는 것은 우리에게 주어진 특권입니다. 한번 해 보는 것입니다. 그런데 우리는 이걸 어려워합니다. 본문으로 돌아가 보면 이런 말씀이 있습니다.

> 그러므로 우리가 담대히 말하되 주는 나를 돕는 이시니 내가 무서워하지 아니하겠노라 사람이 내게 어찌하리요 하노라 (히 13:6)

'주는 나를 돕는 이시니 사람이 내게 어찌하리요.' 여기서는 사람이 무엇을 가리킬까요? 폭력과 공포입니다. 세상은 그게 힘이

2) 월터 브루그만 지음, 《시편적 인간》, 38-39쪽.

죠. 우리는 무엇이죠? 사랑입니다. 세상은 폭력과 공포인데 반해, 우리는 사랑입니다. 이렇게 이야기하면, 개념과 개념, 명분과 명분의 충돌로 보이지만 사실 그렇지 않습니다.

가장 중요한 것은 우리는 사랑이 무엇인지를 알게 된 사람들이라는 사실입니다. 하나님이 일하시고 있는 증거와 성경의 약속이 진실하다는 증거가 무엇입니까? 우리가 예수를 믿고 있다는 사실입니다. 동창회에 나가 보면 예수 믿을 것 같은 사람은 안 믿고, 안 믿을 것 같은 사람이 믿습니다. 믿는 사람보다 안 믿는 사람이 훨씬 낫죠. 말도 잘 통하고 예수 안 믿는 것 하나만 흠이지 사람은 훌륭합니다. 믿는 사람들이 더 귀찮게 굽니다. 인간성은 나아지지 않았는데, 예수는 믿는 겁니다. 이런 기적이 어디 있습니까? 하나님이 살아 계시다는 증거죠. 그다음에 이어지는 말씀이 무엇입니까?

> 예수 그리스도는 어제나 오늘이나 영원토록 동일하시니라 (히 13:8)

이 말씀은 무슨 의미일까요? 아브라함의 하나님, 아브라함을 믿음의 조상으로 만드신 하나님, 당시 아브라함에게 일하셨듯 우리에게도 일하셔서 '아브라함에게 이름을 주고 명예를 주고 운명을 주고 그를 완성한 하나님이 오늘 나의 하나님이다. 하나님이 예수를 보내셔서 하나님의 진심을, 목적을, 사랑을 보였다. 모든 폭력과 비열함을 결코 힘이 아닌 예수로 극복하셨다. 그런 하나님이 오늘 나에게 폭력이나 비열함이 아닌, 거룩한 것이 힘이 되게 하겠다고 약속하셨고 지금도 일하고 계신다'라는 고백을 하게 합니다. 이것이 모든 신자의 현실입니다. 그러니 이렇게 살아야 합니다. '너희는 모든 악독과 노함과 분냄과 떠드는 것과 비방하는 것을 버리고 거룩함으로 덕을 세우며 너희 인생을 살라.'

이 얼마나 대단한 거룩함으로의 부르심이며, 얼마나 큰 위대함으로의 부르심입니까? 하나님이 우리를 위대하게 부르셨습니다. 이 부르심을 놓치지 말아야 합니다. 에베소서 5장에 가면 이런 놀라운 요구가 나옵니다.

> 너희가 전에는 어둠이더니 이제는 주 안에서 빛이라 빛의 자녀들처럼 행하라 빛의 열매는 모든 착함과 의로움과 진실함에 있느니라 …… 그런즉 너희가 어떻게 행할지를 자세히 주의하여 지혜 없는 자 같이 하지 말고 오직 지혜 있는 자 같이 하여 세월을 아끼라 때가 악하니라 그러므로 어리석은 자가 되지 말고 오직 주의 뜻이 무엇인가 이해하라 술 취하지 말라 이는 방탕한 것이니 오직 성령으로 충만함을 받으라 (엡 5:8–18)

이미 빛인 우리에게 세월을 아끼며 살라고 합니다. 허락한 시간을 충실하게 살아 내라, 꽉 채워서 살아 내라는 말입니다. 왜 이런 처지로 살게 하시는가, 왜 이렇게 일하시는가, 불평하지 말고 처한 경우와 자리에서 맡겨진 역할을 하라, 이렇게 말씀합니다. 정부가 어떻고 교회가 어떻다는 불평은 잠시 접어 두고 각각의 처지에서 빛이 되라는 것입니다.

성령 충만은 무엇입니까? 시간을 다 채워 빛으로 사는 것입니다. 시간을 다 채우고 경우를 다 채워서 어떤 경우에서나 조건에서나 빛을 발하십시오. 때로는 침묵해야 하는 때가 있고, 잠시 고개를 숙여야 하는 때도 있습니다. 그러나 동조하지 마십시오. 동요되지 마십시오. 같이 악을 쓰거나 같이 보복하고 누가 더 무서운가 내기할 필요 없습니다. 이것이 우리의 역할입니다. 이것이 바로 성령 충만입니다.

질문하기

1.

구원을 완성하는 중요한 내용으로 우리에게 주어져 있는 '책임'이란 무엇을 의미합니까?

2.

교회에 필요한 '성숙한 신자'란 어떤 존재입니까?

3.

에베소서 5장에서 가르치는 '빛으로 사는 삶'은 어떻게 사는 삶입니까?

나누기

실패를 통해 배운 점이 있다면 이야기해 봅시다.

그러므로 우리는 예수로 말미암아

10 우리에게 제단이 있는데 장막에서 섬기는 자들은 그 제단에서 먹을
권한이 없나니 11 이는 죄를 위한 짐승의 피는 대제사장이 가지고 성소에
들어가고 그 육체는 영문 밖에서 불사름이라 12 그러므로 예수도 자기 피
로써 백성을 거룩하게 하려고 성문 밖에서 고난을 받으셨느니라 13 그런
즉 우리도 그의 치욕을 짊어지고 영문 밖으로 그에게 나아가자 14 우리
가 여기에는 영구한 도성이 없으므로 장차 올 것을 찾나니 15 그러므로
우리는 예수로 말미암아 항상 찬송의 제사를 하나님께 드리자 이는 그 이
름을 증언하는 입술의 열매니라 16 오직 선을 행함과 서로 나누어 주기
를 잊지 말라 하나님은 이같은 제사를 기뻐하시느니라 (히 13:10-16)

10

시온 산과 십자가

이제 히브리서의 결론 부분에 다다랐습니다. 히브리서는 '예수 믿고 사는 인생이 왜 이렇게 고단한가' 하는 문제를 다루며, 이에 대해 '힘을 내라. 믿음을 지켜라'와 같은 명분으로 강요하지 않습니다. 오히려 '예수 그리스도가 십자가를 지고 수치와 고통 속에 죽으심으로 우리를 구원하셨을 뿐만 아니라 당신의 영광을 드러내신 것처럼, 인생의 고난은 우리를 신자답게 만들어 내는 하나님의 최고 지혜이자 권능이라는 것을 잊지 말라'고 하며 고난을 당연시합니다.

기독교는 유대교에 이어 하나님이 약속대로 당신의 백성을 구원하시고 영광의 나라로 이끄시는 그 약속을 성취하신 것을 믿는 종교입니다. 그러나 유대인들은 예수가 십자가를 지는 방법으로 하나님이 인간에게 구원과 영광을 허락하셨다는 말을 믿지 않습니다. 그들은 지금도 메시아가 오기를 기다립니다. 그들이 기다리는 메시아는 보이는 세상에서, 보이는 방법으로, 보이는 보상을 해 줄 존재입니다.

그런데 기독교는 예수교입니다. 그리스도교를 음역한 단어가 '기독교(基督教)'입니다. 기독교란 예수를 믿는 종교로서, 히브리서는 '예수로 말미암은 구원이 유대인들의 기대와 도대체 무엇이 다른가. 또 유대인들이 알지 못하는, 예수 믿는 우리가 갖고 있다는 특권은 어떤 것인가' 하는 문제를 다룹니다.

성전은 하나님을 만나는 장소입니다. 그런데 죄 많은 인간이 하나님을 만나는 것은 불가능하기에, 대제사장이 일 년에 한 번씩 희생 제물의 피를 가지고 지성소에 들어가 하나님을 만납니다. 피를 가지고 들어간다는 것은 두려운 일입니다. 앞서 본 바와 같이, 예수가 오시기 전에는 이스라엘 백성들이 시내 산에서 하나님의 거룩하심을 두려움으로 보았습니다.

그러나 이제 예수 안에서, 곧 시온 산에서는 하나님의 거룩하심이 찬송으로 주어져 있습니다. 시내 산과 시온 산이 이렇게 대비되어 있습니다. 여기서 시온 산은 하나님 나라를 상징합니다. '우리는 시온 산에 있다. 예전에 이스라엘 선조들이 시내 산에 있던 것과 다르다. 예수님이 성전에서 죽지 않고 성문 밖에서 죽으심으로써 성전에서 드리는 제사를 종결하셨다. 더 이상 제사를 드릴 필요가 없어졌다. 성전이, 속죄제가 필요 없어졌다.' 이것이 예수의 십자가 사건입니다.

'이제 죄를 씻는 문제는 더 이상 싸움이 되지 않는다. 하나님과의 화목으로 말미암아 우리가 부름을 받아 이제 올라선 새로운 세상, 새로운 운명을 어떻게 살 것인가, 우리더러 무얼 하라고 부르셨는가 하는 국면에 이르렀다'고 성경은 이야기합니다.

행복한 사람을 만드는 의로움

이제 하나님은 우리에게 회개하고 마음을 씻고 죄를 없애는 싸움을 하지 말고 성령을 따라 살면서 지금 누릴 수 있는 것을 누리라고 하십니다. 어떻게 누리라는 것일까요?

> 그러므로 우리는 예수로 말미암아 항상 찬송의 제사를 하나님께 드리자 이는 그 이름을 증언하는 입술의 열매니라 오직 선을 행함과 서로 나누어 주기를 잊지 말라 하나님은 이같은 제사를 기뻐하시느니라 (히 13:15-16)

찬송은 먼 나라 이야기가 아닙니다. 천국에 가야 할 수 있는 것이 아니라, 바로 지금 이곳에서도 할 수 있습니다. 어떻게 할 수 있죠? 여기 나온 말씀대로 '오직 선을 행함과 서로 나누어 주기'를 하는 것입니다. 이 권면은 다만 교훈이나 종교적 강요가 아닙니다. 대단한 명예입니다. 시편 112편을 봅시다.

> 할렐루야, 여호와를 경외하며 그의 계명을 크게 즐거워하는 자는 복이 있도다 그의 후손이 땅에서 강성함이여 정직한 자들의 후손에게 복이 있으리로다 부와 재물이 그의 집에 있음이

여 그의 공의가 영구히 서 있으리로다 정직한 자들에게는 흑암 중에 빛이 일어나나니 그는 자비롭고 긍휼이 많으며 의로운 이로다 은혜를 베풀며 꾸어 주는 자는 잘 되나니 그 일을 정의로 행하리로다 그는 영원히 흔들리지 아니함이여 의인은 영원히 기억되리로다 그는 흉한 소문을 두려워하지 아니함이여 여호와를 의뢰하고 그의 마음을 굳게 정하였도다 그의 마음이 견고하여 두려워하지 아니할 것이라 그의 대적들이 받는 보응을 마침내 보리로다 그가 재물을 흩어 빈궁한 자들에게 주었으니 그의 의가 영구히 있고 그의 뿔이 영광 중에 들리리로다 악인은 이를 보고 한탄하여 이를 갈면서 소멸되리니 악인들의 욕망은 사라지리로다 (시 112:1–10)

하나님의 사람 곧 의인의 삶을 묘사하고 있습니다. '의인은 이렇게 해야 한다'라고 강요하거나 교훈하지 않고, '의인의 삶은 이런 것이다'라고 선언합니다. '복 있는 사람은 악인들의 꾀를 따르지 아니하며'라고 선언하듯 읊조립니다. 하나님의 사람은 이런 사람이라고 자랑하듯이 나열되어 있습니다.

구약학자 월터 브루그만은 시편 112편의 주제를 '행복한 사람을 만드는 의로움'이라고 해설합니다. 이 사람은 정직하고 자비를 베풀고 꾸어 주고 마음을 견고히 하고 가난한 자들을 돌아보고 악한 자들의 반대편에 서서 흔들리지 않는 사람입니다. "행복한 사람을 만드는 이 의로움은 그저 단순한 인격적 자격이나 속성이 아니다. 그보다는, 의로움은 사람이 하나님으로부터 부여받은 창조 세계에 대한 다스림 속에서 서로 다른 사람들과 관계하는 방식 즉 그가 그의 통치를 실천하는 방식을 통해 분명하게 나타난다"[3]라고 합니다.

'그는 은혜를 베푼다. 그는 공의를 실천한다. 그는 가난한 자들을 돌본다.' 이런 것이 의로움입니다. 그런데 이것은 마음속에 어떤 자긍심이나 만족감이 좀 있는 정도가 아니라 넘쳐 나는 상태입니다.

지금 할 수 있는 신앙생활

교회에는 공포가 없어야 합니다. 마찬가지로 우리에게도 공포가 없어야 합니다. 공포를 이기는 유일한 방법은 사랑입니다. 사랑을 하고 사랑을 받는 것, 이것이 기독교입니다. 우리는 이 길로 부름을 받았기에 예수 안에 있는 하나님의 사랑으로 은혜와 소망을 갖고 있지만, 아직 누리지는 못하고 있습니다. 여전히 자라는 중이라서 그렇습니다.

그러나 말씀에서 이야기하는 대로 분명하게 실천해야 합니다. 모든 행함은 존재에서 나옵니다. 존재가 먼저 그렇게 변해야 합니다. 넉넉한 사람이 되어야 합니다. 월터 브루그만의 글을 조금 더 보죠. "선함은 어떤 상태나 풍유나 존재적 상황이 아니라, 사회적 관계 속에서 이루어지는 일련의 행위들이다. 덕은 사회적 관계들, 명확하게는 경제 정의적인 분배와 관련이 있다.

3) 월터 브루그만, 조호진 옮김, 《브루그만의 시편 사색》(솔로몬), 84쪽.

은혜를 베푸는 것이 신앙의 삶 속에서 기쁨을 만들어 낸다."[4)]

경제 정의라는 것이 무엇입니까? 있는 사람이 사라는 것입니다. 가진 돈을 전부 나눠 주라고는 말하지 않습니다. 최소한 밥값은 내야 합니다. 그런데 제일 답답한 게 뻔히 돈을 내야 할 사람이 계산 끝날 때까지 구두끈 매고 앉아 있는 것입니다.

하나님이 우리에게 일상을 허락하셔서 우리가 지금 겪고 있는, 이게 뭘까 싶은 이 별것 아닌 인생을 살게 하는 이유가, 여기 지금 현실 속에서 만들어지고 있는데, 우리는 여기를 안 살고 어디에 가서 삽니까? 교회에 와서 마음속으로만 그렇게 살아야지 다짐하다가 갑니다. 그러면 안 됩니다. 누릴 수 있는 걸 누리지 못하고 사는 걸 원통하게 생각해야 합니다.

그러니 이제 기도도 "주님, 어저께 뭘 잘못했습니다. 지난 한 주 동안 뭘 잘못했습니다"만 되뇌는 것이 아니라 "주님, 지난주는 제가 좀 비겁했습니다. 이번 주는 좀 더 나아가겠습니다. 한 번 더 하겠습니다" 이렇게 자기를 자꾸 앞으로 밀어야죠. 그래서 우리가 있는 곳에는 예수님의 임재가 있어야 합니다. 예수님의 임재가 있으면, 거기에 용서가 있고 감사가 있습니다.

그렇다고 이것이 대단한 모습으로는 나타나지 않습니다. 인간관계를 돌이켜 보면 "저 사람은 어쩐지 꼴 보기 싫어"라고 할 때, 대개 단 한 번의 경우로 그렇게 말하지는 않습니다. 누적된 겁니다. 뻔히 보고 있는데 인사 안 하고 외면한 것, 내가 지나가야 할 차례인데 안 비켜 준 것, 그런 게 쌓여서 어느 날 결정적

4) 월터 브루그만, 《브루그만의 시편 사색》, 84쪽.

사건이 터졌을 때, '저 사람 내가 전부터 봤는데 이상하게 꼴 보기 싫더라'가 되는 것입니다. 우리는 한 번에 안 고쳐지니까 노력하고 자주 애를 써야 합니다. 외국어 배우듯 연습해야 합니다.

신앙생활은 지금 여기서 할 수 있습니다. 또한 해야 합니다. 자신을 위해서 그렇습니다. 시편 112편의 결론이 이렇게 끝나서 당황스럽긴 한데, 월터 부르그만의 해설을 곁들여 읽으면 이해가 됩니다.

> 악인은 이를 보고 한탄하여 이를 갈면서 소멸되리니 악인들의 욕망은 사라지리로다 (시 112:10)

그렇게 훌륭한 구절은 아닙니다. 우리가 기대하는 것 같은 통쾌한 결론이 아니라서 좀 당황스럽습니다. 그러니 해설을 읽어 볼까요. "10절은 '악한 사람은 이 길로 행하지 않을 뿐만 아니라 그들은 저항한다. 그들은 자신들의 저항으로 인해 비참하게 된다'라고 선언한다."[5] 여기서 말하는 '이 길'이란 물론 복된 사람의 길입니다. 그들이 저항하는 것은 무엇일까요? 따뜻하고 겸손하고 기쁜 삶입니다.

인생을 살면 남는 게 없습니다. 살면 살수록 인생은 피폐해집니다. 신자만이 윤택해집니다. "악인은 하나님의 은혜를 의지하지 않는 사람이며, 그렇기 때문에 은혜를 실천할 수도 없다. 악

5) 월터 브루그만, 《브루그만의 시편 사색》, 84쪽.

인은 도덕적으로 나쁜 사람들이 아니다. 나누기보다는 인색하며 엄격하고 독점과 통제를 추구하는 사람들이다."[6]

이들은 '내 맘에 들게 굴어'라는 말을 일삼죠. 이건 폭력입니다. 이들이 엄격하고 인색한 이유는 여호와의 풍성한 은혜를 느끼지 못하기 때문입니다. 그러니까 이 사람들이 흉보면 그런 일에 공감하지 말고 우리는 넉넉한 모습으로 살아야 합니다.

"시편 112편은 생명의 자원들을 공동체 안의 다른 사람들에게 주는 것이 참된 기쁨으로 가는 길이라고 주장한다. 이 시편은 '의에 주리고 목마른 자들은 복이 있나니 저들은 배부를 것임이요'라는 주님의 가르침을 따라하고 있다. 만족하고 충만한 신앙은 탐욕이나 자기 충족 그리고 자기만족에서는 오지 않는다. 이런 모습들은 항상 우리를 먹이시는 하나님의 은혜를 의지하는 것에서부터 오며, 우리도 이런 은혜를 받은 뒤에 관대해질 수 있다. 행복한 사람은 창조주의 풍성하심에 대해 알고 있는 사람이다. 창조주 그분은 그의 값비싼 창조 세계로부터 아무것도 필요한 것이 없으신 분이시다. 신앙은 매우 다른 사회적 실천을 할 수 있게 해 준다."[7]

'다른 세계로 부른다.' 히브리서가 우리에게 전하는 메시지가 바로 그것입니다. 우리는 고난과 억울함에 대해 비명을 지르고 많이 기도해 왔을 것입니다. 누려야 할 것은 누리지 못하고 말입니다. 이 길을 십자가에서 보지 않았습니까? 이것이 사실이고 이 약속이 진실하고 이것이 우리의 것이 되어야 한다는 걸 어떻

6) 월터 브루그만, 《브루그만의 시편 사색》, 84쪽.
7) 월터 브루그만, 《브루그만의 시편 사색》, 85쪽.

게 알 수 있습니까? 우리가 예수를 믿고 있다는 사실에서 알 수 있습니다. 말이 안 되는 일입니다. 예수를 믿는다는 것은 말이 안 되는 것입니다. "예수를 믿으려면 내 주먹을 믿어라" 그런 비웃음이 얼마나 많았습니까? 그런데 왜 믿었죠? 모릅니다. 어느 날 믿고 거듭나 이제 이 약속 아래 있게 되었습니다. 그러니 누리십시오.

질문하기

1.

'우리는 시온 산에 있다'는 말씀의 뜻은 무엇입니까?

2.

'찬송의 제사'(히 13:15)는 어떻게 하는 것입니까?

3.

시편 112편 10절에서 악인이 저항하는 것은 무엇입니까?

나누기

'인생은 살면 살수록 피폐해지는데, 신자만이 윤택해진다'라는 말을 실제로 경험한 사례가 있다면 나누어 봅시다.

예수 그리스도로 말미암아 우리 가운데서 이루시기를

20 양들의 큰 목자이신 우리 주 예수를 영원한 언약의 피로 죽은 자 가
운데서 이끌어 내신 평강의 하나님이 **21** 모든 선한 일에 너희를 온전하
게 하사 자기 뜻을 행하게 하시고 그 앞에 즐거운 것을 예수 그리스도로
말미암아 우리 가운데서 이루시기를 원하노라 영광이 그에게 세세무궁토
록 있을지어다 아멘 (히 13:20-21)

11

평강과 기쁨

이제 히브리서 마지막에 다다랐습니다. 저자는 편지 말미에서 늘 하듯 축복의 인사로 마무리합니다. 평강과 기쁨을 축원하는 인사인데, 평강과 기쁨은 우리 모두가 원하는 바입니다.

성경은 우리의 아버지이시자 창조주이신 하나님에 대하여 그 하나님이 우리에게 평강과 기쁨을 주기 원하시며 우리를 사랑하시는 분이라고 말씀합니다. 대표적 구절이 민수기 6장 24절 이하입니다. 하나님이 모세에게 이스라엘을 축복할 때 이렇게 하라고 일러 주신 구절입니다. “여호와는 네게 복을 주시고 너를 지키시기를 원하며 여호와는 그의 얼굴을 네게 비추사 은혜 베푸시기를 원하며 여호와는 그 얼굴을 네게로 향하여 드사 평강 주시기를 원하노라 할지니라 하라”(민 6:24-26). 이 축복의 구절에 하나님의 마음과 뜻이 잘 담겨 있습니다.

신약에도 있습니다. 우리가 잘 아는 데살로니가전서 5장 16절 이하입니다. "항상 기뻐하라 쉬지 말고 기도하라 범사에 감사하라 이것이 그리스도 예수 안에서 너희를 향하신 하나님의 뜻이니라"(살전 5:16-18). 이 구절은 우리에게 기뻐하라, 기도하라, 감사하라고 명령하는 구절이 아닙니다. 하나님이 우리를 항상 기쁘게 해 주실 것이고, 우리의 모든 기도에 응답해 주실 것이고, 가장 사소한 일까지 우리를 감사로 만족하게 하실 것이라는 약속입니다.

그러나 현실은 그렇지 않습니다. 우리가 잘못해서 그런 것이 아닙니다. 이러한 현실에 대해 성경은 말씀합니다. 하나님이 약속해 주셨는데, 우리 존재와 인생은 왜 이 약속과 다른지 살펴봅시다. 시편 22편입니다.

> 내 하나님이여 내 하나님이여 어찌 나를 버리셨나이까 어찌 나를 멀리 하여 돕지 아니하시오며 내 신음 소리를 듣지 아니하시나이까 내 하나님이여 내가 낮에도 부르짖고 밤에도 잠잠하지 아니하오나 응답하지 아니하시나이다 이스라엘의 찬송 중에 계시는 주여 주는 거룩하시니이다 우리 조상들이 주께 의뢰하고 의뢰하였으므로 그들을 건지셨나이다 그들이 주께 부르짖어 구원을 얻고 주께 의뢰하여 수치를 당하지 아니하였나이다 나는 벌레요 사람이 아니라 사람의 비방거리요 백성의 조롱거리니이다 나를 보는 자는 다 나를 비웃으며 입술을 비쭉거리고 머리를 흔들며 말하되 그가 여호와께 의탁하니 구원하실 걸, 그를 기뻐하시니 건지실 걸 하나이다(시 22:1-8)

이 비명은 지극히 현실적입니다. 그는 하나님에게 부르짖지만 응답을 받지 못하고 있습니다. 하나님은 우리를 평강과 기쁨으로 이끌기를 원한다고 하셨는데, 어디서 잘못된 것일까요? 쉽게 떠올릴 수 있는 답은 이것입니다. '죄를 지었으니 그렇다.' 물론 그럴 수 있습니다.

하나님은 긍휼이 많으신 분이라고 성경은 말합니다. 하늘이 땅에서 높음 같이, 아버지가 자식을 긍휼히 여김 같이, 하나님은 우리의 죄과를 우리에게서 멀리 옮기셨습니다. 하나님은 우리에게 복 주기를 원하시는 분이고, 우리의 죄악을 따라 그대로 갚지 않으신다고 합니다. 그런데 시편 22편에서 저자는 왜 그렇게 아우성쳤을까요.

상하고 통회하는 마음

먼저, 다른 성경 구절을 하나 더 보겠습니다.

> 주여 내 입술을 열어 주소서 내 입이 주를 찬송하여 전파하리이다 주께서는 제사를 기뻐하지 아니하시나니 그렇지 아니하면 내가 드렸을 것이라 주는 번제를 기뻐하지 아니하시나이다 하나님께서 구하시는 제사는 상한 심령이라 하나님이여 상하고 통회하는 마음을 주께서 멸시하지 아니하시리이다 (시 51:15–17)

"하나님께서 구하시는 제사는 상한 심령이라 하나님이여 상하고 통회하는 마음을 주께서 멸시하지 아니하시리이다"라는 구절을 보면, '지금 네가 고통받는 것은 네 잘못 때문이다. 그러니 잘못한 것을 알았다면 이제 회개해라'라는 책망을 듣고 나오는 상하고 통회하는 마음이기보다, 마치 하나님이 우리를 속상하게 하시는 것이 본래 목적인 것처럼 보입니다.

이런 말을 들으면 '그런 불경한 생각을 하다니' 하는 생각이 들 수 있겠지만, 돌아보면 우리 인생이 그렇습니다. 잘못해서 받는 벌만 있는 것이 아니라, 이유를 알 수 없는 고난과 비극이 우리 생애에 있습니다. 우리가 울부짖을 때 하나님이 '맞다. 네가 지금 속상해하는 것이 내가 원하는 길이다'라고 말씀하시는 것 같습니다. '기독교가 그런 이야기를 한다고?'라며 놀랄 수 있을 것입니다.

이 길, 이 모순과 갈등의 길을 가장 잘 보여 주는 대표적 인물이 바로 모세입니다. 하나님이 모세에게 나타나셨습니다. 모세 나이 팔십 세 때의 일입니다. 이때 사십 년 동안 묵혀 둔 모세의 원망이 이렇게 터져 나옵니다. "내가 누구이기에 갑니까?" 무슨 뜻입니까? "그때는 사람 취급도 안 해 주시더니 왜 이제야 오셨습니까? 제가 새파랗고 의욕이 충만할 때는 나타나지 않으시다가 이제 다 늙은 제게 와서 왜 이러십니까?"라는 뜻입니다.

모세의 말에도 하나님이 "가라. 내가 너와 함께하겠다"라고 하시자, 모세는 지난 사십 년을 떠올립니다. 하나님이 자신을 외면하고 잊었다고 생각했던 시간입니다. 그래서 "내가 너와 함께할 것이다"라는 말에도 "하나님, 당신은 대체 어떤 분입니까? 그때는 왜 그러셨습니까? 지금은 또 뭡니까?"라고 물었던 것입니다. 하나님이 말씀하시죠. "나는 스스로 있는 자다. 나는 하나님이기를 중단하지 않는 하나님이다. 지난 사십 년 동안 나는 네게 일하고 있었다."

바로 이것이 상하고 통회하는 마음입니다. 단지 죄를 회개하는 정도가 아닙니다. 더 깊이 들어가서 "하나님, 인생이 이게 뭡니까?"라며, 존재와 정체성과 가치와 의미에 대하여 답이 나오지 않아 모순과 갈등과 원망 속에 죽어나는 시간을 모세는 사십 년이나 보냈죠.

그런 시간을 몇 년이나 보내 보았습니까? 편안하면 하나님을 잊어버리고, 괴로우면 원망하고, 그저 그렇게 적당히 살다가 제대로 걸렸죠. 이제는 적당히 타협하고 넘어갈 수 없게 되었습니다.

모세는 어쩔 수 없이 갑니다. 끝까지 안 가겠다고 우겼는데, 마침내 하나님이 화를 내시자 할 수 없어서 갑니다. 하나님 앞에 항복하지 못하고 할 수 없이 갔다는 점이 어떻게 증명됩니까? 모세가 처음 바로에게 '내 백성을 보내라'라는 여호와의 말씀을 전했을 때, 바로는 항복하지 않고 화를 냅니다. 이제 바로는 이스라엘 백성에게 짚도 주지 않으면서 벽돌을 구워 내라고 가혹한 명령을 합니다. 백성들이 당장 원망하죠. "이게 뭐냐? 모세 네가 우리를 구한다고 바로에게 가서는 괜히 쓸데없는 소리를 해서 우리만 고난당하게 됐다." 그러자 모세가 당장 하나님 앞에 뭐라고 합니까? "그것 보세요. 내가 안 간다고 했잖아요. 그런데 이게 뭡니까? 하나님은 약속을 지키지 않으셨습니다." 하나님도 지지 않으시죠. "다시 가라." 그렇게 여러 번을 왔다 갔다 합니다.

바로는 더욱 완강해집니다. 바로가 회개하지 못하게 하나님이 붙잡고 계십니다. 그런데 바로 말고 누가 회개합니까? 모세가 회개합니다. 달라진 모세의 모습이 어디에 나오죠? 애굽을 빠져나와 이스라엘 백성을 이끌고 홍해 앞에 섰을 때, 모세가 한 말을 보십시오.

뒤에서는 애굽 군대가 쫓아오고 앞은 홍해가 가로막고 있는 진퇴양난의 위기 속에 백성들이 아우성치죠. "애굽에는 매장지가 없어서 여기까지 끌고 나왔느냐?" 그때 하나님 앞에 내내 불평했던 모세와는 다른 새로운 모습의 모세가 "너희는 가만히 서서 여호와께서 우리를 위해 일하시는 구원을 보라" 이런 멋진 말을 합니다.

고난으로 순종함을 배움

열 가지 재앙은 애굽을 치고 바로를 벌하기 위해서 쓰이지 않고, 하나님의 사람을 항복시키기 위하여 쓰였습니다. 우리가 사는 세상에 불의가 있고 폭력이 있고 말이 안 되는 일이 있습니다. 정의로운 세상을 만들기 위해서는 무엇을 해야 한다는 구호만 외치지 마십시오. 세상이 자기 일을 하는 동안 하나님은 하나님의 일을 하십니다. 우리를 만들어 가십니다. 그 일하심을 보며 하나님의 은혜를 우리의 살과 피에 채워야 합니다.

이스라엘 백성은 그렇게 애굽에서 나와 홍해를 건너 가나안에 들어가는 광야의 길을 걷게 됩니다. 광야의 길을 걷는 동안 그들은 실패합니다. 그래서 홍해를 건넌 스무 살 이상의 성인들은 광야에서 죽고 그 후손들만 가나안에 들어갑니다.

그러나 이제 모세는 실수하지 않습니다. 믿음을 지킨 여호수아와 갈렙처럼 모세도 광야에서 죽지 않을 수 있었습니다. 그런데 모세는 가나안에 왜 못 들어갔습니까? 므리바 사건 때문에 못 들어갑니다. 물이 없다고 백성들이 아우성치자 모세가 하나님에게 기도합니다. 이에 하나님이 반석을 명하여 물을 내라고 하시자 모세가 반석을 두 번 칩니다. 반석을 두 번 친 것이 얼마나 대단한 잘못이라고 모세마저 가나안에 못 들어가게 되었을까요? 성경은 '그가 하나님의 거룩함을 막고 성질을 부렸다'라는 식으로 표현하고 있습니다.

하나님이 모세의 분노를 보며 뭐라고 하셨을까요? "모세야, 너 왜 내 자식들한테 행패냐? 너는 가나안에 못 들어간다." 이 말을 모세가 알아듣습니다. '내가 잘못했구나'가 아닙니다. "이들이 자식이구나. 나는 이들을 위하여 부름받은 종이구나. 그렇다. 이들이 실패해서 여기서 죽어야 한다면, 나를 세운 그 뜻을 따라 내가 이들과 함께 죽는 것이 명예다." 이렇게 알아듣습니다. 모세의 위대함은 여기에 있습니다. "이들과 함께 죽을 수 있게 해 주셔서 감사합니다." 놀랍습니다.

성경은 우리에게 우리의 분노와 원망 같은 것들도 일을 한다고 말씀합니다. 하나님이 일하고 계십니다. 예수님은 당신이 아들이시라도 받으신 고난으로 순종함을 배워서 온전하게 되셨다고 합니다. 모세는 어디서 온전하게 되었습니까? 므리바에서 성질부린 대가로 벌을 받아 알아듣습니다.

우리는 매번 하나님에게 묻죠. ‘하나님, 왜 이러세요?’ 앞에서 본 시편 22편에 나온 내용입니다. ‘하나님, 어찌하여 내게 이러십니까?’ 하나님이 말씀하십니다. “나는 네게 최선을 다하고 있다. 나는 너를 위해서 죽을 수 있다. 내가 뭘 아끼더냐? 거꾸로 내가 묻고 싶다. 난 너에게 뭐냐? 난 너에게 다만 요술 램프에 불과하냐? 너는 나에게 존경도 사랑도 친밀감도 표하지 않고서 목적을 달성해 달라고 하는구나.”

우리의 소원은 무엇입니까? 우리 마음에 들게 하나님이 다만 조종 가능한 기계였으면 하고 바라지는 않습니까? 우리 신앙이 겨우 이 정도라면 하나님의 자녀 된 명예를 알 길이 없습니다. 하나님이 얼마나 굉장한 분인가를 제대로 이해하여 우리가 사는 현실이 기적과 기쁨이 넘치는 자리가 되길 바랍니다.

질문하기

1.

시편 22편의 비명은 어떤 상황 때문입니까?

2.

'상하고 통회하는 마음'은 모세에게서 어떻게 표현됩니까?

3.

모세는 어떤 사건을 계기로 온전하게 됩니까?

나누기

하나님이 '난 너에게 뭐냐?'라고 물으신다면, 무엇이라고 답할지 생각해 봅시다.

질문과 답

01 • 그는 새 언약의 중보자시니

1. 우리는 무슨 일만 생기면 바로 십자가로 돌아갑니다. 그 이유가 무엇입니까?

십자가는 종착지가 아니라 시작점이고, 새로운 미래를 향해 가는 출발선이라는 것을 모르기 때문입니다. (10쪽)

2. "한 번 죽는 것은 사람에게 정해진 것이요 그 후에는 심판이 있으리라"(히 9:27)라는 말씀의 뜻은 무엇입니까?

'지금은 예수의 초림과 재림 사이를 살아가는 시간이다. 지금이 기회다. 열심히 공부하고 배워라. …… 너는 훌륭해질 기회와 조건 속에 있다'라는 뜻입니다. (12쪽)

3. 하나님이 우리에게 원하시는 것은 무엇입니까?

자발적 항복입니다. (15쪽)

02 • 우리는 뒤로 물러가 멸망할 자가 아니요

1. 히브리서는 어떤 질문에 답을 하는 책입니까?

예수를 믿고 난 후 종말의 날까지 아직 남은 길고 긴 시간을 견뎌야 하는데, 그 시간은 어떤 의미가 있는지에 관한 질문에 답하는 책입니다. (22쪽)

2. 예수 그리스도로 말미암아 주어진 새 언약이, 하나님의 뜻을 이루시려는 거룩하고 권능에 찬 약속이 우리 속에 들어와 만들어 내는 현실은 무엇입니까?

옛 죄와 사망의 권세가 꺾이지 않는 갈등의 현실입니다. (25쪽)

3. '자기를 부인하고'(마 16:24)라는 말씀의 의미는 무엇입니까?

'내 이해와 능력 밖까지 좇아가는 것'입니다. (29쪽)

03 • 선진들이 이로써 증거를 얻었느니라

1. 하나님이 우리를 우리가 자초한 멸망의 운명대로 내버려 두지 않으시기 위해 '보상의 원리'를 넘어선, 특별한 방법으로서 도입하신 것을 무엇이라고 합니까?

믿음입니다. (35쪽)

2. 하나님이 우리를 위하여 인류와 역사에 개입하신다는 것을 우리는 무엇을 통하여 경험합니까?

우리가 예수를 믿게 된 일로 경험합니다. (35쪽)

3. '오직 의인은 믿음으로 말미암아 살리라'(롬 1:17)라는 말씀에 담긴 의미는 무엇입니까?

'믿음은 하나님이 시작하셔서 우리로 항복하게 하는 것이다' 입니다. (39쪽)

04 • 그들의 하나님이라 일컬음 받으심을 부끄러워 아니하시고

1. 성경이 아벨, 에녹, 노아를 들어 믿음을 언급하면서, 믿음과 더불어 내내 이야기하는 것은 무엇입니까?

희망입니다. (44쪽)

2. 미디안 광야로 도망친 모세의 행위에 대해서 히브리서가 긍정적으로 표현(히 11:24-27)하는 이유는 무엇입니까?

사람이 보기에는 비극이고 절망이고 더는 낙이 없다고 생각되는 모든 것으로도 하나님은 최선의 결과와 복을 만드셨다고 증언하기 위해서입니다. (47쪽)

3. 가장 비극적이고 가장 아닌 것 같은 일과 가장 지극한 복이 한 자리에 공존하는 대표적 사건은 무엇입니까?

'마리아의 예수 잉태 사건'입니다. (51쪽)

05 • 믿음으로 말미암아 증거를 받았으나

1. "난 믿음이 없어. 내 믿음은 연약해"와 같은 말 속에서 우리가 믿음을 어떤 것으로 잘못 적용하고 있다는 것을 알 수 있습니까?

조건이나 자격입니다. (57쪽)

2. 인류 역사가 아직 멸망하지 않고 이어져 온 이유는 무엇입니까?

하나님이 지키고 계셨기 때문입니다. (58, 59쪽)

3. 성경에 열거된 믿음의 선조들의 뒷이야기는 누구에게 달려 있습니까?

오늘을 사는 자들, 바로 우리입니다. (62쪽)

06 • 구름 같이 둘러싼 허다한 증인들이 있으니

1. "믿음은 (　　)로 시작해서 (　　)을 목적하여 나아가는 것이다."

은혜, 책임. (69쪽)

2. 구약성경이 나오미의 일을 기록한 이유는 무엇입니까?

우리가 기대할 수 없는 처지에서 하나님이 일하신다는 것을 나타내기 위해서입니다. (71쪽)

3. 믿음에서 우리 몫인 책임은 어떻게 지는 것입니까?

산 제물로 드리는 삶(롬 12장)과 사랑의 요구(고전 13장)를 감당하며 지는 것입니다. (74쪽)

07 • 그러나 너희가 이른 곳은

1. 히브리서 12장 22절의 '너희가 이른 곳'은 어떤 곳입니까?

예수로 말미암아 하나님이 당신의 창조 세계를 영광으로 회복하시고 주인공인 하나님의 백성들을 불러 환호하며 기뻐하고 찬양하게 하는 복된 자리입니다. (80, 81쪽)

2. '내게는 염소 새끼 한 마리도 안 잡아 주셨잖아요'라는 큰아들의 푸념은 무엇을 표현한 말입니까?

하나님의 동역자로, 유업을 이을 자로 사는 고된 훈련입니다. (84쪽)

3. 우리가 천국에서 다시 만나면, 누가 누구인지 바로 알아볼 것입니다. 그 이유는 무엇입니까?

고난을 겪어 낸 각자의 인생에 새겨진 고유한 흔적을 보고서 알아볼 것이기 때문입니다. (87쪽)

08 • 흔들리지 않는 나라를 받았은즉

1. 세계관이 우리에게 던지는 질문은 무엇입니까?

'세상의 기원은 무엇인가. 세상을 지배하는 원리는 무엇이며, 우리는 어디로 가는가. 우리가 몸담고 사는 세상, 외면하거나 도망칠 수 없는 세상이 목적으로 삼는 것은 무엇이며, 여기에는 어떤 의미가 있는가'입니다. (92, 93쪽)

2. 마지막 심판은 어떤 자리입니까?

모두에게 두려운 자리가 아니라 우리 기도에 응답하시는 하나님이 당신의 자녀들을 완성으로 부르는 자리입니다. (96쪽)

3. 이사야 60장에 소개되는 '하나님의 진정성'은 어떤 의미입니까?

'하나님의 창조는 절대 실패로 끝나지 않는다'라는 의미입니다. (97쪽)

09 • 형제 사랑하기를 계속하고

1. 구원을 완성하는 중요한 내용으로 우리에게 주어져 있는 '책임'이란 무엇을 의미합니까?

우리의 선택 즉 선택할 수 있는 기회입니다. (102쪽)

2. 교회에 필요한 '성숙한 신자'란 어떤 존재입니까?

형제 사랑하기를 계속하고 손님 대접하기를 잊지 않고 갇힌 자들과 학대받는 자들을 생각하는 자입니다. (105쪽)

3. 에베소서 5장에서 가르치는 '빛으로 사는 삶'은 어떻게 사는 삶입니까?

불평은 잠시 접어 두고 각각의 처지에서 빛이 되는 것입니다. (109쪽)

10 • 그러므로 우리는 예수로 말미암아

1. '우리는 시온 산에 있다'는 말씀의 뜻은 무엇입니까?

'이제 죄를 씻는 문제는 더 이상 싸움이 되지 않는다. 하나님과의 화목으로 말미암아 우리가 부름을 받아 이제 올라선 새로운 세상, 새로운 운명을 어떻게 살 것인가, 우리더러 무엇을 하라고 부르셨는가 하는 국면에 이르렀다'라는 뜻입니다. (115, 116쪽)

2. '찬송의 제사'(히 13:15)는 어떻게 하는 것입니까?

오직 선을 행함과 서로 나누어 주는 것입니다. (116쪽)

3. 시편 112편 10절에서 악인이 저항하는 것은 무엇입니까?

따뜻하고 겸손하고 기쁜 삶입니다. (120쪽)

11 • 예수 그리스도로 말미암아 우리 가운데서 이루시기를

1. 시편 22편의 비명은 어떤 상황 때문입니까?

하나님에게 부르짖지만 응답을 받지 못하는 상황 때문입니다. (128쪽)

2. '상하고 통회하는 마음'은 모세에게서 어떻게 표현됩니까?

'존재와 정체성과 가치와 의미에 대하여 답이 나오지 않아 모순과 갈등과 원망 속에서 죽어나는 시간을 사십 년이나 보낸 것'으로 표현됩니다. (130쪽)

3. 모세는 어떤 사건을 계기로 온전하게 됩니까?

므리바에서 성질부린 대가로 벌을 받은 후입니다. (132, 133쪽)